Di Streghe e di Janare

Salvatore M. Ruggiero

*"...la Stryge è potente e triste, governa su tutte
le ombre, su piaceri e sofferenze che incombono
su città e campagne, sugli amori e i dolori della carne.
Ad essa bisogna rivolgere offerte e rituali se si vuol essere
esauditi quanto a richieste di magia malvagia e perversa,
specie se basata sul sangue di una coppia sposata..."*

(Da una vecchia opera del 1778, edita da Crapard, a Parigi)

"Unguento unguento,
manname fino a lo noce de Benevento;
supra l'acqua et supra ad vento
et supra ad omne maletempo."

(La formula magica - in latino maccheronico - che le streghe di Benevento usavano per volare fino al noce dei sabba.)

5

PROLOGO

Le streghe popolano le notti insonni di tutti i bambini del mondo. Da tempo immemorabile rappresentano lo spauracchio per eccellenza di tutti i piccoli. Che dire di certe mamme che, come a volersi vendicare dei torti che loro hanno subito quando erano bambine, minacciavano di chiamare la strega ogni volta che i figli facevano i capricci? Al mio paese la strega si chiama janara. Un nome che condivide con tutta l'area centro-meridionale d'Italia. Questo perché fino al 1927, anno in cui venne istituita la Provincia di Frosinone, Coreno Ausonio ricadeva nel territorio dell'Alta Terra di Lavoro, l'attuale provincia di Caserta, ergo regione Campania. Le notti insonni dei bambini del mio paese furono popolate, quindi, dalle janare. Contrariamente alle streghe, che hanno come corrispondente maschile gli stregoni o i maghi, la janare hanno, nella fantasia popolare del mio paese, come corrispondente maschile i *popenari*, cioè i lupi mannari. Nei *cunthi re paora* (i racconti di paura) degli anziani testimoni paesani infatti, si tratta di janare, se le protagoniste sono di sesso femminile; di *popenari*, se i protagonisti mostri sono di sesso maschile. Nel mio libro *Le Stagioni della Lattaia* si legge: *"..solo dopo aver accudito l'animale Giovanni rientrava a casa - dove avrebbe provveduto finalmente a se stesso. La moglie Maria, sempre premurosa, badava a rifocillarlo. E quando non era impegnata ad atterrirci coi suoi racconti di popenari e ianare scodellava, per lui e per i figli e per me, quantità industriali di minestre calde, energetiche e saporite."* Si dice, poi, che chi avesse avuto la sventura di nascere la notte di Natale, alla mezzanotte precisa, fosse destinato a un futuro da lupo mannaro; se, invece, fosse nata una femmina quella bambina sarebbe stata una janara. La leggenda della janara nasce nella tradizione popolare e, probabilmente, deve etimologicamente il suo nome al latino *ianua* (porta) in quanto insidiatrice delle porte, attraverso le quali s'introduce nelle case e nelle stalle,

7

fisicamente o come elemento aereo: fumo oppure nebbia. C'entra in qualche modo, nella spiegazione dell'etimologia, anche il nome del dio Giano (in latino: *Ianus*), il dio bifronte, con una faccia sul viso ed un'altra dietro la testa. Proprio per questa sua caratteristica - la capacità di guardare in avanti e all'indietro; di controllare chi entrava e chi usciva - era il dio delle porte di casa *(ianua)*, il dio del principio, il dio del mattino. Il primo mese dell'anno, proprio in quanto dà inizio all'anno nuovo, venne chiamato *Ianuarius,* in suo onore. Secondo questa teoria, le janare si chiamerebbero così perché abilitate ad entrare nelle abitazioni attraverso la porta principale d'ingresso (in latino *ianua, -ae*). Giano è il dio degli inizi, materiali e immateriali, ed è una delle divinità più antiche e più importanti della religione romana, latina e italica. Di solito è raffigurato con due volti, poiché il dio può guardare il futuro e il passato, ma anche perché, essendo il dio della porta, può guardare sia all'interno sia all'esterno della casa. Anche la janara assume due volti: uno normale di giorno; l'altro alterato, di notte. Secondo il racconto Giano fu il primo Re del *Latium*, fondò una città sul monte Gianicolo e donò la civiltà agli Aborigeni, suoi originari abitanti. Con la ninfa Camese avrebbe generato inoltre numerosi figli, tra i quali il dio Tiberino, signore del fiume Tevere. Fu, proprio lui ad accogliere il dio dell'agricoltura Saturno, spodestato dal figlio Giove e cacciato dall'Olimpo, condividendo con lui la regalità e consentendogli di portare nell'intera regione la cd. Età dell'Oro. Per l'ospitalità ricevuta, Giano ricevette dal dio Saturno il dono di poter vedere sia il passato che il futuro, all'origine della sua rappresentazione bifronte. Il nome stesso di Saturno riflette la natura peculiare del dio, caratterizzata da potenza, fecondità, abbondanza e ricchezza. Saturno avrebbe infatti regnato su tutto il creato nella mitica Età dell'Oro, il tempo in cui la primavera era perpetua e vi era abbondanza di ogni frutto sulla Terra, uomini e dei vivevano insieme, non

c'era necessità di lavorare, né esistevano distinzioni sociali. La moglie di Saturno era Opi (c'è ancora un paesino in provincia dell'Aquila, in Abruzzo che porta lo stesso nome, ma non sembra che ci siano connessioni), dea del raccolto, divenne l'equivalente di Rea. Saturno era il padre, fra gli altri, di Cerere, Giove, Giunone, Nettuno e Plutone. Il dio aveva tempio, a lui dedicato nel foro romano, che conteneva il tesoro, prima reale e poi dello stato, fino alla fine della repubblica (*aerarium*). Secondo la tradizione romana, quando il dio fu spodestato dal figlio Giove, fu da questi esiliato in Ausonia, l'attuale Italia, scelse il Lazio (dal latino *latium*=largo, ampio e *latere*=nascondere) e quivi, accolto amichevolmente dal dio Giano, avrebbe poi fondato le mitologiche cinque città saturnie (Pentapoli). Con la definizione di cinque città saturnie, o pentapoli aurunca si fa riferimento a cinque città della Provincia di Frosinone unite sotto questo nome dall'archeologia dell'Ottocento, per una comune mitica fondazione da parte del dio Saturno durante la mitica Età dell'Oro: Alatri, Anagni, Arpino, Atina e Ferentino (Antino).
Le cinque città sono caratterizzate da imponenti cinte di mura poligonali (dette anche pelasgiche o megalitiche), costruite con grosse pietre squadrate, sulle quali o all'interno dei quali si sono sviluppati i centri medievali. Il dio Saturno insegnò l'agricoltura alle genti del luogo. Per i suoi molti meriti avrebbe ricevuto una parte del regno di Giano, cui conferì anche il dono della preveggenza. Avrebbe inoltre generato Pico, primo re del Lazio. In Ciociaria c'è un paese che porta questo nome. Solo per inciso, si tratta del paese natale del grande scrittore Tommaso Landolfi. Al contrario dell'altro caso (il paese Opi) la connessione con *Picus*, figlio di Saturno, sembra accertata.
La figura della strega classica è una figura letteraria, nata in età classica e giunta alla sua odierna definizione soprattutto in età moderna, grazie ai contributi della Chiesa e dell'arte. La parola strega deriva etimologicamente da *stryx*, strige, essere alato

9

notturno che si riteneva si sostenesse succhiando il sangue dei bambini. La strige (in greco στρίγε, in latino *strix*), nelle leggende dell'antica Roma, era un uccello notturno di cattivo auspicio che si nutriva di sangue e carne umana, caratteristica oggi addebitata al vampiro. A differenza del vampiro però, non era un cadavere rianimato ma il prodotto di una metamorfosi. Il nome, in greco significa gufo (*στρίξ*, con il tema *τρίζω* che significa *stridere*), con il quale viene spesso confusa. Il nome stesso della famiglia (*Strigidae*) proviene da questo uccello, come anche il nome scientifico dell'allocco (*strix*). Il latino "*strix*" o "*striga*" derivano dal termine greco (conservazione del tema "*stridere*"). Dando vita al nome italiano "*strega*", al rumeno "*strigoi*" ed all'albanese "*shtriga*". Una legge francese risalente al IV secolo e attribuita a un antenato del re Clodoveo, I° prescriveva: "...*se qualcuno dice ad alta voce di una donna che è una strige (*stryge*) o una prostituta sarà condannato a una ammenda di 2.500 denari... Se una strige ha divorato un uomo [...] sarà condannata a pagare 8.000 denari.*" Alla strega è associato il commercio col demonio. Tuttavia essa, secondo alcuni, possiederebbe anche qualità positive, messe a disposizione della comunità in cui vive. Come, ad esempio, la conoscenza delle virtù curative delle erbe officinali. Mentre, poi, le leggende globali narrano che le streghe tenessero i *sabba*, vere e proprie adunanze collettive durante le quali veneravano il demonio, che appariva loro sotto forma di cane o di caprone, le leggende locali narrano, invece, che la janara preferisse agire individualmente. Che uscisse da sola di casa in piena notte e s'intrufolasse nelle stalle, per prendere in prestito una giumenta o un cavallo e cavalcarli fino all'alba. Inoltre, che avesse l'abitudine e la mania d'intrecciare la criniera della giovane cavalla rapita, lasciando così un segno fisico della sua presenza. Poteva anche capitare a volte che la giumenta, sfinita dalla lunga cavalcata, non sopportasse lo sforzo immane a cui era stata sottoposta e morisse di fatica. Per evitare il rapimento delle giumente e l'ingresso nelle case da parte delle janare, si era soliti, nel passato e, in qualche antico borgo, lo si fa ancora oggi, piazzare un sacchetto di sale o di sabbia o una scopa di saggina davanti alle porte e alle finestre delle stalle e delle case, poiché la janara, affetta da una vera e propria mania, non poteva resistere alla tentazione di contare i grani di sale o di sabbia o i fili della scopa. Mentre fosse stata intenta nella conta sarebbe sopravvenuta la luce del giorno che l'avrebbe costretta alla precipitosa fuga. Ancora oggi passeggiando per i vicoli di antichi borghi non è difficile scorgere questi segni, specie alle finestre di case abitate ancora da arzille vecchine, che intendono così preservare con questi arcaici e collaudati rimedi, figli e, soprattutto, nipoti piccoli. Così come la strega, solitamente, la janara era una esperta di erbe medicamentose e officinali e sapeva riconoscere, tra le altre anche quelle con poteri narcolettici o perfino stupefacenti che usava nelle sue pratiche magiche e nelle sue pozioni, proprio con le erbe sembra che la janara fabbricasse l'unguento magico che le permetteva di smaterializzarsi, diventare incorporea e di appropriarsi della stessa natura dell'aria, del vento, della nebbia e del fumo. Dopo averne preparato un bel po' lo conservava nelle piccole terrecotte che al paese chiamano *pignate*. Inoltre non metteva a parte nessuno della sua comunità delle sue arcane conoscenze mediche. Contrariamente a tutte le altre streghe, a volte perfino affabili e disponibili col prossimo, la janara, infatti, era una persona solitaria e, tante volte, anche nella vita personale di tutti i giorni, conservava un carattere scontroso, se non astioso o, addirittura, aggressivo. Era donna, spesso solitaria, dispettosa, se non perfida e sanguinaria. Mentre non si parla di come poter prendere una strega, la tradizione vuole che per poter acciuffare la janara, bisognasse afferrarla per i capelli, il suo unico punto debole. Al mio paese, la domanda era: *"janà! capigli o capirci?"*. Se la risposta fosse stata: *"capigli!"* la janara sarebbe sgusciata via. Nel napoletano

11

la domanda formulata era, invece: "*janà! che tengh 'mmane?*", cioè *"cosa ho tra le mani"*, bisognava rispondere "*ferr 'e acciaro!*" in modo che non si potesse liberare; se al contrario la risposta fosse stata "*capigli*", cioè *"capelli"*, la janara avrebbe, a sua volta, replicato "*e i me ne sciuglie comm' a n'anguilla*", cioè *"me ne scivolo via come un'anguilla"*, e si sarebbe così divincolata, liberandosi e dandosi alla precipitosa fuga. Inoltre la vulgata narra che, a colui che fosse riuscito a catturare la janara quando fosse allo stato immateriale, cioè fosse incorporea ella, in cambio della libertà, avrebbe offerto una protezione totale sulla famiglia, da tutti i malefici, per le sette generazioni future. Taluno accredita tra i poteri della janara anche la sensazione di soffocamento che a volte si prova durante il sonno. Si pensava infatti che la janara si divertisse a saltare sulle persone, con tutto il peso del corpo, cercando di soffocarle. E si diceva che questo accadesse soprattutto ai danni di giovani maschi. Inoltre si riteneva che i bambini che avessero manifestato improvvisamente deformazioni nel fisico, fossero stati nottetempo passati attraverso il treppiedi che si usava nel focolare per sostenere il calderone. *"La janara gli'à passathu rintu iu trepète"* (trad.: *"La janara lo ha fatto passare attraverso il treppiedi".*) Le madri del mio paese, nate nel periodo che va tra gli inizi del 800 e il secondo dopoguerra, erano molto superstiziose e raccomandavano ai bambini di non stazionare mai da soli sotto un albero di noce, perché immediatamente la janara sarebbe arrivata in volo a rapire il bambino per portarlo via con se. Le janare erano conosciute e temute anche per i dispetti che facevano ai contadini. Manomettevano i loro strumenti di lavoro, facevano marcire le loro provviste di frutta e verdura, mutavano il vino in aceto, guastavano l'olio e avvelenavano le farine. Alcuni contadini anziani assicurano che di mattina, recandosi nella stalla, trovavano i cavalli sudati (si racconta che a volte succedesse lo stesso con le mucche) come se avessero cavalcato per tutta la notte; a volte le loro criniere erano raccolte in numerose treccine. Ovviamente la responsabilità di tutti questi prodigi, dai contadini superstiziosi veniva attribuita alle janare. Al mio paese le persone più anziane raccontano ancora di quando in una cantina furono trovati sette grossi topi morti, legati per la coda, l'uno all'altro. Nel tentativo disperato e impossibile di liberarsi erano morti di crepacuore per la fatica. Che si legassero accidentalmente è cosa assai improbabile, se non impossibile. Legarli uno per uno per le lunghe code a mano, era stata certamente opera di una janara, che intendeva divertirsi a lasciare la testimonianza del suo passaggio con un prodigio orrorifico. Chi altri sennò? Sino agli inizi degli anni cinquanta, era in uso, in alcune zone interne del sud, avvolgere i neonati nel "*fascione*". Esso era costituito da strisce di stoffa avvolte attorno al corpo del bambino allo scopo di farlo crescere "*diritto*". Si pensava, infatti, che le ossa ancora in formazione dei neonati, se non tenute diritte durante i primi giorni di vita (di soliti i primi 30-40 giorni), potessero presentare delle malformazioni. Mio padre, nato nel 1928, mi raccontava che era stato anche lui vittima incolpevole di questa primitiva abitudine. Ci è stato, poi, raccontato da altro anonimo testimone che, alla fine degli anni '40, sempre al paese dell'autore, un bambino dormiva nel letto matrimoniale dei genitori, tra il padre e la madre. Era nato da poche settimane ed ancora portava il *fascione* (il suo corpo era completamente avvolto nelle bende, ad eccezione della testa). Inspiegabilmente il mattino seguente il bambino fu trovato dai genitori sotto il letto. Aveva cominciato ad accusare forti dolori allo stomaco. La spiegazione fu che "*le janare gli avevano succhiato il liquido dallo stomaco*". Per farlo guarire, gli fu dato da bere del latte. Non fu chiamato il dottore, ma si ritenne utile, affidarlo ad una vecchia esperta di magia bianca. L'operato della janara fu neutralizzato, quindi, dall'intervento di una sua *collega*, una strega… buona.

NASCITA DELLA LEGGENDA

1 - Fondamenti storici

Probabilmente la leggenda delle streghe-janare nacque nel periodo del regno longobardo sul sud dell'Italia, specie in Campania e, in particolare, nella zona di Benevento, poiché anche se quasi tutti gli abitanti di quei territori si erano convertiti al cristianesimo vi erano ancora venerate le dee Iside, Diana ed Ecate. Il cui culto è ancora testimoniato da monumenti sparsi per tutta la città. Un'altra tradizione vuole, infatti, che il termine janara derivi da *dianaria*, che significa *"seguace di Diana"*, poiché la dea Diana, venerata dai Romani, corrispondeva alla Artemide dei Greci, identificata con Ecate. Ecate era rappresentata con tre teste e tre corpi (corrispondenti ad Artemide, Persefone e Demetra - o Selene). Persefone (la romana Proserpina) è la dea del mondo sotterraneo e proprio in virtù di tale identificazione, Ecate regnava anche sui demoni malvagi e sulle tenebre e vagava nottetempo spaventando gli uomini.

Dopo l'arrivo dei longobardi, anch'essi pagani, forse alcuni degli idolatri rimasti si unirono a loro nel culto degli alberi presente nella religione longobarda e nel culto della vipera dorata cara ad Iside. Da qui, forse, nacquero le leggende delle orge infernali che si tenevano il sabato notte sotto l'enorme noce di Benevento. Le ipotesi sulla genesi della leggenda delle streghe sono molte, e probabilmente è stata la combinazione di più elementi a dare a Benevento la duratura fama di *città delle streghe*. Fama che tuttora contende a Salem, ridente cittadina del Massachussets, nel New England, anch'essa sede di una popolazione di streghe, decimate dalla repressione religiosa del XVII e XVIII secolo.

2 - Il culto di Iside

In epoca romana si era pure diffuso, per un breve periodo, a Benevento, il culto di Iside, dea egizia della luna. L'imperatore Domiziano aveva anche fatto erigere un tempio in suo onore. All'interno di questo culto, Iside faceva parte di una sorta di Trimurti: veniva identificata con Ecate, dea degli inferi e Diana, dea della caccia. Inoltre si ritiene che tutte queste divinità avevano rapporti con la magia.

Il culto di Iside sta probabilmente alla base di elementi di paganesimo che perdurarono nei secoli successivi: le caratteristiche di alcune streghe sono ricollegabili a quelle di Ecate ed, inoltre, lo stesso nome con cui viene indicata la strega a Benevento: janara, sembra possa derivare da quello di Diana (*dianaria*). Il nome janara potrebbe derivare anche dal nome del dio Giano. Giano era il dio bifronte, con una faccia sul viso ed un'altra dietro la testa. Proprio per questa sua caratteristica - la capacità di guardare in avanti e all'indietro; di controllare chi entrava e chi usciva - era il dio delle porte di casa *(ianua)*, il dio del principio, il dio del mattino. Il primo mese dell'anno, proprio in quanto dà inizio all'anno nuovo, venne chiamato *Ianuarius,* in suo onore. Secondo questa teoria, le janare si chiamerebbero così perché abilitate ad entrare nelle abitazioni attraverso la porta principale d'ingresso (in latino *ianua, -ae*). Un'altra tradizione vuole che il termine janara derivi da *dianaria*, che significa "*seguace di Diana*", poiché la dea Diana, venerata dai Romani, corrispondeva alla Artemide dei Greci, identificata con Ecate. Ecate era rappresentata con tre teste e tre corpi (corrispondenti ad Artemide, Persefone e Demetra - o Selene). Persefone (la romana Proserpina) è la dea del mondo sotterraneo e proprio in virtù di tale identificazione, Ecate regnava anche sui demoni malvagi e sulle tenebre e vagava nottetempo spaventando gli uomini.

3 - I rituali longobardi

Il protomedico beneventano Pietro Piperno, nel suo saggio *Della superstitiosa noce di Benevento* (1639, traduzione dall'originale in latino *De Nuce Maga Beneventana*), fa risalire le radici della leggenda delle streghe al VII secolo. E più esattamente all'epoca della dominazione longobarda di Romualdo. Egli, salvato dall'invasione bizantina di Costante II, grazie alle preghiere di San Barbato, convinse il proprio popolo a convertirsi alla religione cristiana. Ma, malgrado San Barbato avesse ordinato l'abbattimento del noce, le sue radici sopravvissero, l'albero ricrebbe e diede continuità al mito delle streghe di Benevento, che nel tempo si arricchì di nuovi motivi, fino a giungere all'età barocca, quando si narrava che ai riti orgiastici partecipassero oltre duemila streghe, ciascuna guidata da un demone, in qualità di servo e amante. La leggenda beneventana tratta delle cosiddette janare, poiché nel dialetto beneventano non esiste la parola strega. Oltre che da *janua*, una diversa e interessante etimologia di janara potrebbe essere legata al mito della *dianaria*, seguace della dea Diana, dea cui erano riconducibili riti notturni detti giochi di Diana. Al paese dell'autore c'è una località montana che, forse, era frequentata nottetempo dalle janare che si chiama appunto *le Chianara*. Le radici del mito del noce, che sorgeva in un luogo imprecisato, lungo le sponde del fiume Sabato e del raduno delle streghe beneventane attorno alle sue radici, si possono trovare nel "*Fiore*", poema allegorico attribuito a Dante Alighieri e anche nella favola del *Gobbo di Peretola* di Francesco Redi. L'Italia può vantare di essere luogo privilegiato nella storia della stregoneria, grazie al mito del noce beneventano, meta usuale del volo magico e del sabba delle streghe. Le prime notizie riguardanti Benevento come luogo magico risalgono alle prediche di Bernardino da Siena del 1427. All'epoca, Benevento era capitale di un ducato longobardo e gli invasori, pur formalmente convertitisi al cattolicesimo, non rinunciarono alla loro religione tradizionale pagana. Sotto il duca Romualdo essi adoravano una vipera d'oro (forse alata; forse con due teste), che probabilmente aveva qualche relazione con il culto di Iside, dato che si riteneva che la dea fosse capace di dominare i serpenti. Così si cominciò a tenere un rito singolare nei pressi del fiume Sabato che i Longobardi erano soliti celebrare in onore di Wotan, padre degli dei: veniva appesa, a un albero sacro, la pelle di un caprone. I guerrieri si guadagnavano il favore del dio correndo freneticamente a cavallo attorno all'albero, colpendo la pelle con le lance, con l'intento di strapparne brandelli che poi mangiavano. In questo rituale si può riconoscere la pratica dello *sparagmos*, in greco antico σπαραγμός, un rito particolarmente violento inserito nell'ambito dei misteri dionisiaci, i cui particolari sono descritti minuziosamente nella tragedia *Le Baccanti* di Euripide. Si trattava infatti della pratica di dilaniare a mani nude un animale, sia selvatico che domestico (generalmente mucche o pecore) o, più raramente, un essere umano, allo scopo di mangiarne le carni crude. Era dunque sia un sacrificio in onore del dio Dioniso sia un modo per celebrare la potenza delle divinità della terra. Inebriandosi del fresco sangue della vittima, la Menade o l'iniziato ai misteri dionisiaci, si riappropriava dello spirito primigenio della madre terra. I beneventani cristiani avrebbero collegato questi riti esagitati alle già esistenti credenze riguardanti le streghe: le donne e i guerrieri erano ai loro occhi le lamie; il caprone l'incarnazione del diavolo; le urla i riti orgiastici. Di sicura stirpe sannita e vienerese, è il Vescovo San Barbato, colui che, a Benevento, convertì i longobardi al cattolicesimo e accusò esplicitamente i dominatori longobardi di idolatria. Nato a Castelvenere, per la precisione in contrada Vadari (dal longobardo *bagno* o *terme*), San Barbato discende da quel gruppo di famiglie di origine sassone e danubiana che, alla

17

ricerca di terre fertili, occupò il suolo su cui sarebbe sorto Castelvenere. Le sue genti, discese dalle terre bagnate dal torrente Wien - affluente del Danubio - venivano chiamate "*wiener volk*", "*gente del Wien*", quelli che oggi si chiamerebbero "*immigrati del Wien*" o vienesi (viennesi). La qual cosa fa dedurre che Castelvenere derivi il proprio nome dal torrente Wien, reso famoso per aver dato il nome alla città di Vienna. Secondo la leggenda, nel 663 il duca Romualdo, essendo Benevento assediata dalle truppe dell'imperatore bizantino Costante II, promise a Barbato di rinunciare al paganesimo se la città - e il ducato - fossero stati risparmiati. Costante si ritirò (secondo la leggenda, per grazia divina) e Romualdo fece Barbato vescovo di Benevento. Barbato stesso abbatté l'albero sacro e ne strappò le radici, facendo costruire sullo stesso posto una chiesa, chiamata Santa Maria in Voto. Ma Romualdo continuò ad adorare in privato la vipera d'oro, finché la moglie Teodorada non la consegnò a Barbato che la fuse, ottenendone un calice per l'eucaristia. Tuttavia, tale leggenda risulta incompatibile con i dati storici accertati: nel 663 duca di Benevento era Grimoaldo, mentre Romualdo I° sarebbe subentrato al predecessore, divenuto nel frattempo re dei Longobardi, soltanto nel 671; inoltre, la moglie di Romualdo I° si chiamava Teuderada (*Theuderada*) e non Teodorada, che era invece la moglie di Ansprando e madre di Liutprando. In ogni caso, Paolo Diacono non fa alcun cenno alla leggenda, né a una presunta fede pagana di Romualdo, molto più probabilmente di credo ariano come il padre Grimoaldo.

Le riunioni sotto il noce, uno dei tratti salienti della leggenda delle streghe, provengono quindi molto probabilmente da queste usanze longobarde; tuttavia si ritrovano anche nelle pratiche del culto di Artemide (la dea greca in parte assimilabile ad Iside) svolte nella città di Caria. Divinità greca di antichissima origine. L'etimologia del nome di Artemide resta ancora oscura. Tuttavia l'esistenza di una tavoletta col suo nome, che è ancora tutta da verificare, fa presumere l'antichità del suo culto, riconducibile, probabilmente, all'età minoica. In età greca arcaica la dea è rappresentata, secondo modelli di origine persiana, come *pótnia therôn*, (in greco = κυρία όλων των ζώων, trad. in italiano: *signora di tutti gli animali*). In Omero è identificabile nella divinità maestra nel tiro con l'arco e nella caccia, designata come colei che domina gli esseri viventi e che, al tempo stesso, può decretarne la morte. La figura di Artemide acquisisce, in età arcaica avanzata e classica, un'identità più definita e complessa: inni e poemi, come pure le rappresentazioni iconografiche, ne esaltano la giovane età nei suoi tratti più giocosi e, allo stesso tempo, femminili. *"Sui monti se ne va Artemide saettatrice, lieta fra i cinghiali e cerve veloci e con lei giocano le ninfe dei campi."* recita un passo dell'Odissea.

4 - L'avvento del cristianesimo

I primi secoli di diffusione del Cristianesimo furono caratterizzati da un'aspra battaglia contro tutti i culti pagani, contadini, folkloristici e tradizionali. Il fattore scatenante della lotta fu che, qualsiasi culto non rivolto all'unico Dio buono fosse da ritenersi, per esclusione, un asservimento al diavolo. Così si spiega la demonizzazione di rituali come quelli delle donne longobarde a Benevento, le quali divennero streghe in un senso anche più ampio rispetto a come erano intese dalla cultura popolare. Originariamente, infatti, la potenziale malvagità di queste donne non veniva inquadrata in senso religioso; fu il cristianesimo a dipingerle come donne in grado di fare patti col demonio e come una sorta di opposto della santità, fertilità sacra e verginità della Madonna, dedite loro ai riti orgiastici pagani e portatrici di infertilità.

19

5 - La leggenda delle streghe

Nei secoli successivi la leggenda delle streghe prese, via via, sempre più corpo. A partire dal 1273 tornarono a circolare testimonianze di riunioni stregonesche a Benevento. Di grande importanza è, sempre intorno a quel periodo, la storia di tale Matteuccia da Todi, accusata di essere *"pubblica incantatrice, fattucchiera, maliarda e strega."* Ella confessò l'uccisione di numerosi bambini innocenti, oltre al fatto che, con molte altre streghe, si recava presso il noce di Benevento, recitando la seguente formula magica: *"Unguento unguento, mandame fino a la noce de Benevento, supra ad acqua et supra ad vento et supra ad omne maletempo."* In base alle dichiarazioni di Matteuccia da Todi, processata per stregoneria nel 1428, le messe nere si svolgevano sotto un albero di noce, e si credette che fosse l'albero abbattuto da San Barbato, forse risorto per opera del demonio. Più tardi, nel XVI secolo, sotto un albero - non si sa se fosse lo stesso - furono rinvenute ossa spolpate di fresco. Andava, così, creandosi un'aura di atroce mistero attorno alla faccenda, che diveniva gradualmente sempre più complessa.

6 - Il noce di Benevento

Secondo le testimonianze rese anche da altre presunte streghe, di cui si ignora il nome, il noce doveva essere un albero alto, sempreverde e dalle qualità insalubri. Sono svariate le ipotesi sull'ubicazione della *Ripa delle Janare* il luogo, sulla riva del Sabato, dove si sarebbe trovato il noce. La leggenda non esclude che potessero essere, addirittura, più di uno. Pietro Piperno, pur proponendosi di smentire la diceria, inserì nel suo saggio una piantina che indicava una possibile collocazione del rinato noce di San Barbato, nonché della vipera d'oro longobarda, nelle terre del nobile Francesco di Gennaro, dove era stata apposta un'iscrizione per ricordare l'opera del santo. Altre versioni vogliono il noce posto in una gola detta *Stretto di Barba*, sulla strada per Avellino, dove si trova un boschetto fiancheggiato da una chiesa abbandonata, o in un'altra località di nome *Piano delle Cappelle*. Ancora, si parla anche della scomparsa *Torre Pagana*, sulla quale fu costruita una cappella a San Nicola e dove il santo avrebbe fatto numerosi miracoli.

7 - I sabba e i malefìci

La leggenda vuole che le streghe, indistinguibili dalle altre donne di giorno, di notte si ungessero le ascelle (o il petto e il viso) con un unguento e spiccassero il volo pronunciando una frase magica, a cavallo di una scopa di saggina o, secondo altre versioni, in groppa ad un castrato nero, voltandogli le spalle. Contemporaneamente le streghe diventavano incorporee, spiriti simili al vento: infatti le notti preferite per il volo erano quelle di tempesta. Si credeva inoltre che ci fosse un ponte in particolare dal quale le streghe beneventane erano solite lanciarsi in volo, il quale perciò prese il nome di *ponte delle janare*, distrutto durante la seconda guerra mondiale. Ai sabba sotto il noce prendevano però parte streghe di varia provenienza. Questi consistevano di banchetti, danze, orge con spiriti e demoni in forma di gatti o caproni, e venivano anche chiamati giochi di Diana. Dopo le riunioni, le streghe seminavano il terrore. Si credeva che fossero capaci di causare aborti, di generare deformità nei neonati facendo loro patire atroci sofferenze, che sfiorassero come una folata di vento i dormienti, e fossero la causa del senso di oppressione sul petto che a volte si avverte stando sdraiati. Si temevano anche alcuni dispetti più innocenti e meno cruenti, per esempio che facessero ritrovare di mattina i cavalli nelle stalle con la criniera intrecciata, o sudati per essere stati cavalcati tutta la notte. In alcuni piccoli paesini campani e laziali, tra gli anziani circolano ancora voci secondo cui le janare di notte, rapiscano i neonati dalle culle per passarseli tra loro, gettandoli sul fuoco e, una volta terminato il terribile gioco, li riportino lì dove erano stati presi. Le janare, grazie alla loro consistenza incorporea, entravano in casa passando sotto la porta (in corrispondenza, come detto, con un'altra possibile etimologia del termine dal latino *ianua*, cioè porta). Per questo si era soliti lasciare una scopa o del sale o anche della sabbia sull'uscio: la strega avrebbe dovuto contare tutti i fili della scopa o i grani di sale o i granelli di sabbia prima di entrare, ma nel frattempo sarebbero giunte le luci del giorno questo l'avrebbe costretta a tornarsene a casa. I due oggetti potrebbero anche avere un valore simbolico: la scopa sarebbe un simbolo fallico, contrapposto alla sterilità portata dalla strega; il sale potrebbe riconnettersi con una falsa etimologia alla parola *Salus*, cioè salute. Se si era perseguitati da una janara, ci si liberava di essa urlandole dietro la frase: *"Janà! Vè crai pè sale!"*. *"Janara! Vieni domani a prendere il sale!»*. Se si nominavano le janare in un discorso, si scongiurava il malaugurio con la frase: *"Ogge è sabbuthu!"*. Cioè: *"Oggi è sabato»*.

8 - Le altre streghe di Benevento

Oltre alle janare vi sono altri tipi di streghe nell'immaginario popolare campano e beneventano. Cugine strette della janara sono altre figure popolari, come la *zucculara* (sopravvivenza di un'antichissima dea pagana: Ecate), l'*uria* e la *manalonga*. La *zucculara*, zoppa, infestava il *Triggio*, la zona del teatro romano, ed era così chiamata per i suoi zoccoli rumorosi. La figura probabilmente deriva da Ecate, che indossava un solo sandalo ed era venerata nei trivii ("*Triggio*" deriva proprio da *trivium*). Vi era poi la *manalonga* (= dal braccio lungo), che

22

vive nei pozzi, e tira giù chiunque passi nelle vicinanze. La paura dei fossi, immaginati come varchi verso gli inferi, è un elemento ricorrente: nel precipizio sotto il ponte delle janare vi è un laghetto in cui si creano improvvisamente gorghi, che viene chiamato il *gorgo dell'inferno*. Infine vi sono le *Urie*, spiriti domestici che ricordano i Lari e i Penati della romanità. Nelle credenze popolari la leggenda delle streghe-janare sopravvive in parte ancora oggi, arricchendosi di aneddoti e manifestandosi in atteggiamenti superstiziosi e paure di eventi soprannaturali. In alcuni centri della provincia di Avellino, specialmente nell'area dell'alta Irpinia, ai confini con le province di Foggia, Potenza e Salerno, oltre alla janara c'è pure la *maciara*, talvolta è la stessa cosa. Risulta essere una sorta di streghetta, più atta ai *malocchi*, detti "*affascino*" e ad altre fatture. Per estensione, si dice di una donna che fa moine, che fa la "*maciara*" o che fa le "*maciarije*". Si nota la forte somiglianza del nome come le streghe del Trentino e della provincia di Milano.

9 - La persecuzione

E' bene ricordare che, se delle perplessità ci sono mai state sulla effettiva esistenza delle streghe, esse sono provenute più dagli ambienti laici, piuttosto che dagli ambienti religiosi. La persecuzione delle streghe inizia ufficialmente intorno al 1400, con i primi processi per stregoneria. Ma è tra il 1500 e il 1600 che il fenomeno assume il carattere di vera e propria persecuzione. In questi anni solo in Europa furono eseguite circa 12.000 condanne a morte. Ma, poiché molti documenti dei processi sono andati perduti, è assai probabile che le vittime della tremenda repressione siano state molte di più. La cd. Caccia alle streghe interessò soprattutto i paesi dell'Europa centrale. Come la Germania, la Francia e la Svizzera. In Italia, invece, la repressione fu ristretta ad alcuni territori del sud e le

23

autorità adottarono meno severe. Arrivando alla pena di morte in rari casi. Eppure proprio al sud la figura mitologica della strega (in alcuni luoghi chiamata janara) occupa un ruolo centrale nelle credenze popolari. Una delle più sanguinose e scellerate reprimende contro le streghe, iniziò con l'adozione ufficiale di un vero e proprio manuale di sterminio: il *Malleus Maleficarum*. Ma le persecuzioni delle streghe possono considerarsi iniziate ben prima dell'adozione del libro, ed esattamente con San Bernardino da Siena, che nel XV secolo predicò aspramente contro le streghe, con particolare riferimento a quelle di Benevento. Spesso egli le additava al popolo come responsabili delle immani sciagure che colpivano il genere umano, e senza mezzi termini affermava che dovevano essere sterminate. Un'ulteriore forte spinta alla caccia alle streghe venne data proprio dalla pubblicazione, nel 1486, del *Malleus Maleficarum*, che spiegava come riconoscere le streghe, processarle ed interrogarle efficacemente tramite le più crudeli torture. Testo scritto da due inquisitori domenicani, Heinrich Institor e Jacob Sprenger, autorizzati dalla Bolla *Summis desiderantes affectibus*, promulgata da Papa Innocenzo VIII. Costoro spiegano nel testo le ragioni dell'Inquisizione e la procedura adatta a ciascun caso. Offrono anche esempi di massacri di donne mandate al rogo, sotto il principio dell'Esodo, che *"non bisogna lasciare in vita neanche una strega"* perché ritenuta rappresentante del sapere sessuale e delle droghe, divoratrice di bambini, dispensatrice di infertilità e operatrice di aborti. In questo modo, tra il XV e il XVII secolo furono estorte numerose confessioni alle supposte streghe, le quali più volte testimoniarono dei sabba che si tenevano regolarmente a Benevento. Nelle stesse testimonianze si ritrovano, poi, elementi comuni come il volo ed altre pratiche, come quella di succhiare il sangue dei bambini. Tuttavia fu possibile rilevare discrepanze circa, ad esempio, la frequenza delle riunioni. Nella massima parte dei casi le streghe, o presunte tali, erano bruciate, mandate al rogo o, comunque, punite con la morte, che veniva procurata con i metodi più atroci. Solo nel XVII secolo ci si rese conto che non potevano essere veritiere confessioni estorte sotto tortura. In epoca illuministica si fece strada un'interpretazione più razionale della leggenda. Con Girolamo Tartarotti, ad esempio, che nel 1749 spiegò il volo delle streghe come un'allucinazione provocata dal demonio, o con Ludovico Antonio Muratori che nel 1745, per spigare il fenomeno delle streghe teorizzò l'esistenza di una patologia di origine psichica. Ipotesi successive e più suggestive proverebbero poi, che l'unguento di cui le streghe si cospargevano potesse essere una sostanza allucinogena. Uno storico locale, Abele De Blasio, riferì che nell'archivio arcivescovile di Benevento erano conservati circa 200 verbali di processi per stregoneria, in parte distrutti nel 1860, per evitare di conservare documenti che potessero infiammare le tendenze anticlericali che accompagnarono l'epoca dell'unificazione italiana; in parte andati persi in seguito ai bombardamenti della seconda guerra mondiale.

10 - Storie di streghe e di janare.

In un paesino del Sannio beneventano, chiamato San Lupo, considerato la capitale mondiale delle streghe, sussistono ancora svariate storie sulle janare. Bisogna tuttavia ammettere che queste si assomigliano molto, variando spesso solo per il luogo in cui è avvenuto il fatto e per il dialetto in cui viene raccontato. Ovviamente ogni paesino ha la sua strega. Di seguito citiamo solo alcune di quelle più ricorrenti. Proprio a San Lupo fu trovato un foglio nel quale si narra di un boscaiolo beneventano che, passando di notte per uno di questi posti, ebbe il dispiacere di assistere al sabba, cerimonia in cui si venerava Satana e ogni simbolo cristiano veniva messo al contrario. Corso a casa raccontò alla moglie tutto ciò che aveva visto: «*C'erano donne che calpestavano la croce, altre che con alcuni uomini si dedicavano alle orge più sfrenate e altre ancora che si cospargevano di sangue. In mezzo a tutto ciò ho visto un cane orrendo che sedeva su un trono ...*». La mattina dopo quell'uomo fu trovato ucciso.

Altra storia correlata alla figura della janara è quella che identifica un metodo pressoché infallibile per riconoscerle quando sono in sembianza umana: secondo questa diceria, basta recarsi alla messa della notte di Natale e, una volta terminata, uscire ed attendere fuori, per vedere chi siano le ultime donne che abbandonano la chiesa. Secondo la storia queste donne sarebbero le janare che, in forma umana, hanno assistito (per una sorta di contrappasso mistico-religioso) alla funzione più sacra di tutta la cristianità.

La leggenda delle streghe di Benevento, diffusasi in Europa a partire dal XIII secolo, è una delle ragioni principali della fama della città sannita. La credenza popolare, secondo cui Benevento sarebbe il luogo di raduno delle streghe italiane è piuttosto ricca di risvolti, ma rimane vago il confine tra realtà e immaginazione. Svariati sono gli scrittori, musicisti, artisti, che ne hanno tratto ispirazione o vi hanno fatto riferimento. Come tutte le credenze popolari, la leggenda delle streghe è corredata da un grande numero di racconti popolari. Ad esempio, si racconta che un uomo, vedendo la moglie cospargersi di unguento e lanciarsi in volo dalla finestra, capì che era una janara e sostituì l'unguento con un'altra sostanza innocua, cosicché la notte dopo la moglie morì schiantandosi al suolo.

San Bernardino da Siena nelle sue prediche racconta del famiglio di un cardinale che, giunto a Benevento, si unì ad un banchetto notturno, e portò con sé una ragazza lì conosciuta, la quale non parlò per tre anni; si scoprì poi che era una janara.

Un altro racconto forse derivante da un poemetto napoletano del XIX secolo, intitolato *Storia della famosa noce di*

Benevento, parla di un uomo che si fa condurre al sabba dalla moglie, una janara. Chiede del sale perché il cibo è insipido, ma appena lo condisce il sabba scompare.

11 - Le streghe-janare nella letteratura e nella storia

Anche poeti e scrittori, nonché musicisti, italiani e stranieri, parlano e raccontano di streghe, ispirandosi alla leggenda beneventana. Lo scienziato e scrittore Francesco Redi scrisse un racconto, intitolato *"Il gobbo di Peretola"*, in cui narra la storia di un gobbo di quella località che, invidioso della buona sorte toccata ad un altro gobbo, guarito miracolosamente dalle streghe di Benevento dalla malformazione, s'era recato senza indugio laggiù ma, avendo maltrattato le streghe, era stato punito con l'aggiunta d'una seconda gobba.

Nel libro *"Il Malmantile"* di Lorenzo Lippi, nel 30° canto si parla di streghe. Nella tragedia *"Macbeth"* di Shakespeare, il primo atto inizia parlando di streghe (Norne). Nel balletto di Lussamagen, intitolato *"Il noce di Benevento"*, si parla dell'evento. Nicolò Paganini musicò *"Le streghe"*. Laurence Sterne nel romanzo *"Vita e opinioni di Tristram Shandy"* menziona ripetutamente i *"demoni di Benevento"*. Antonio Coppolaro, nel musical *"Il Santo e la Strega"*, parla delle gesta di San Barbato che sconfisse le streghe di Benevento e ne fece eliminare alle radici il noce malefico.

Le janare sono figure caratteristiche della civiltà rurale e contadina. Nella tradizione, esse erano fattucchiere in grado di compiere malefici e incantesimi, di preparare filtri magici e pozioni in grado di procurare aborti. Tuttavia non si conosceva l'identità delle janare: esse di giorno potevano condurre una esistenza tranquilla, che non desse adito ad alcun sospetto. Di notte, però, dopo essersi cosparse le ascelle (secondo altri anche il volto e il petto) di un unguento magico, che esse stesse preparavano con le loro mani, acquistavano la capacità di

27

spiccare il volo lanciandosi nel vuoto a cavallo di una *granata*, cioè di una scopa costruita con saggina essiccata. Nel momento del balzo, pronunciavano la frase: *"Sott'a l'acqua, sott'a 'ro vient, porteme fin 'a la noc de Benevient ("sotto l'acqua e sotto al vento, portami fino al noce di Benevento")*. Qualcuno ha avanzato l'ipotesi che il misterioso unguento fosse una sostanza allucinogena. In tal caso alcune delle storie fantastiche che si raccontano sarebbero nate dalle allucinazioni vissute delle persone che facevano uso di tale unguento. Il luogo prediletto per prendere il volo era il Ponte Janara, costruito sopra il Torrente Janara. Il corso d'acqua nei secoli ha scavato una profonda fenditura nelle rocce. Le due rive scoscese sono dette "*Coste Janare*". Il ponte fu fatto saltare in aria dai Tedeschi in ritirata durante la Seconda Guerra Mondiale ma fu successivamente ricostruito. In fondo alle *"Coste Janara"*, si trova un grande masso sotto il quale l'acqua che scorre ha creato un piccolo lago. In questo lago si creano inaspettatamente dei gorghi, vortici che risucchiano tutto ciò che si trova in acqua. Queste spirali vorticose scompaiono improvvisamente, così come erano apparse. Il loro nome è *" u wurv d' 'r nfiern"*, cioè il "*gorgo dell'inferno*" e secondo la tradizione esse sarebbe un passaggio attraverso il quale si può discendere agli Inferi, come all'Averno.

Le sensazioni che la leggenda delle janare induce, si possono cogliere nella celeberrima opera "*Una Notte sul Monte Calvo*" di Modest Mussorgsky (sinfonia utilizzata anche per commentare alcune scene nel film di animazione "*Fantasia*" di Walt Disney). Secondo la tradizione, l'autore compose la sinfonia dopo aver soggiornato a Montecalvo Irpino, ospite della duchessa Maddalena Pignatelli, la quale era figlia di Pietro Fesenko, consigliere dello zar Nicola II°. Si dice che Mussorgsky restò molto colpito dall'atmosfera che si respirava a Montecalvo Irpino, suggestionato dai luoghi, dalla storia, dalle leggende delle streghe che prendevano il volo per ritrovarsi ai piedi del noce di Benevento dove celebravano il loro sabba. Se si ascolta la sinfonia e si chiudono per un attimo gli occhi, sembrerà di vedere le streghe volare, volteggiare attorno al noce, in una corsa spasmodica a cavallo della loro scopa, sino a quando l'arrivo del mattino, salutato dal suono delle campane, non dissolve le tenebre sciogliendo allo stesso tempo la riunione demoniaca.

Si racconta che una notte un marito si accorse che la moglie si era alzata dal letto. L'uomo di nascosto seguì la donna spiando tutto ciò che ella faceva. Vide la moglie afferrare un vasetto contenente un misterioso unguento, cospargersi il corpo con quell'impiastro e buttarsi nel vuoto dalla finestra, prendendo il volo. Resosi conto, quindi, che la moglie era una janara, il marito sostituì l'unguento magico della moglie con del semplice olio che tuttavia aveva lo stesso aspetto. Di lì a pochi giorni, la Janara si alzò nottetempo e, preso nuovamente il solito vasetto, si cosparse il corpo con l'unguento contenuto nel vasetto, quindi si buttò dalla finestra. Quella notte non prese il volo ma precipitò a terra e morì. Questa storia l'abbiamo sentita raccontare dalle vecchiette del paese, ma probabilmente deriva da un poemetto napoletano ottocentesco dal titolo *"Storia della famosa noce di Benevento"*. La storia racconta che un marito scoprì che la propria moglie era una Janara. Le rivelò ciò che aveva scoperto e le chiese di essere condotto al Sabba per poter partecipare anch'egli alla riunione di tutte le janare. Il sabato seguente, la moglie janara condusse il marito al Sabba che si celebrava sotto un grande noce. Lì erano raccolte tutte le Janare del mondo - secondo alcuni erano circa 2.000.

Nel convegno malefico, si mangiava e si beveva. L'ingenuo marito, notando che il cibo era sciapito, chiese del sale, ma appena ebbe condito col sale la pietanza che stava mangiando e l'ebbe assaggiata, il banchetto notturno che si trovava dinnanzi a lui scomparve improvvisamente. Egli restò isolato nella campagna, in un luogo a lui sconosciuto. Il mattino seguente

29

incontrò un contadino e gli chiese dove si trovassero. Il contadino gli rispose semplicemente: "*alle porte di Benevento*".

Francesco Redi (letterato e scienziato fiorentino, 1626-1697) in una lettera "*giocosa*" a Lorenzo Bellini (di cui ci parla Cifaldi in un brano del 1883 contenuto nel libro "*Benevento e i Sanniti*", ed. Pierro, 1996, collana "*Monumenti e Miti della Campania felix*", supplemento a *Il Mattino*) parla di un gobbo che viveva a Peretola. Un bel giorno incontrò un altro gobbo, suo conoscente, che era appena ritornato da un viaggio senza presentare più la sua deformità. Interrogato sulla sua guarigione miracolosa, spiegò che una notte, avendo perso la strada, si era ritrovato presso il noce di Benevento attorno al quale satiri, demoni, streghe e stregoni ballavano e cantavano. Una strega gli si era avvicinato e lo aveva invitato a ballare. Egli aveva dimostrato tanta capacità nella danza che le creature infernali presenti al convegno, avevano deciso di premiarlo, togliendogli la gobba che portava sulla spalla. Il gobbo di Peretola, ascoltata la storia, di nascosto si mise in cammino in direzione di Benevento in cerca del famoso noce. Finalmente giunse al luogo in cui si celebrava il sabba ed anch'egli trovò quelle creature infernali che danzavano e cantavano attorno al noce. Una di quelle creature, gli si accostò e lo invitò a ballare. Il gobbo di Peretola accettò di buon grado di prendere parte alle danze ma i suoi movimenti risultarono essere goffi e sgraziati. Le creature infernali che danzavano, allora, disgustate dai movimenti tutt'altro che eleganti del gobbo di Peretola, decisero di attaccargli sul petto la gobba che avevano rimosso dalla schiena del gobbo che avevano guarito.

Così il gobbo di Peretola tornò a casa con due gobbe: una sul torace e l'altra sulle spalle.

Bisogna precisare che non solo Benevento è legata alla tradizione dell'antica stregoneria. La presenza delle streghe si ravvisa nelle antiche credenze di tutta Italia, soprattutto in zone periferiche a prevalenza contadina, zone interne dell'appennino, delle Prealpi e della Pianura Padana. Molte storie sulla stregoneria sono narrate anche in Sicilia ed in Sardegna. Ma cosa era in realtà la stregoneria? La maggior parte delle storie che si conoscono sulle streghe, narrano di rituali terribili e immondi che puntualmente sfociavano in omicidi e orge. La realtà è ben differente ed è stata distorta non poco dall'immaginario collettivo e dall'influenza del Cristianesimo, orientato a demonizzare ogni religione che non fosse la religione Cristiana e che, invece, adorasse dei pagani. Le streghe o gli stregoni, probabilmente, altro non erano che persone in grado di curare con le erbe, che si cimentavano nell'osservazione dei fenomeni naturali la uscisse dai canoni del normale e dell'abitudinario, ben conosciuti. Se a tutto si aggiunge la profonda ignoranza nella quale la maggior parte dei villici versava a quei tempi, si capisce come la credulità popolare potesse essere facile terreno di conquista per tali leggende stregonesche.

L'inquisizione, poggiando la sua azione sul solido terreno della credibilità dalla religione cristiana, in quegli anni, perseguì e condannò a morte moltissime donne, accusandole di stregoneria e dell'esercizio di pratiche demoniache. Innocenti fanciulle furono torturate e seviziate fino all'estorsione di confessioni false e suggerite solo dall'atroce sofferenza. Non solo donne e uomini appartenenti all'antica religione, ma ogni persona che per un qualche motivo veniva additata come strega subiva la stessa terribile sorte.

Ai nostri giorni l'antica religione esiste ancora. Certo risente molto delle influenze dei secoli trascorsi e della moderna cultura, ma conserva ancora moltissimi dei suoi tratti distintivi. La *Wicca* è un culto neopagano fondato da Gerald Gardner. Sebbene si conosca molto di questa religione dai tratti altamente esoterici, sembra che esistano dei tratti mantenuti segreti e riservati solo agli iniziati alla stessa religione. Nessun novizio può ritenersi *Wicca* a tutti gli effetti senza aver avuto

31

una vera iniziazione mistica. Attualmente esistono libri che descrivono rituali di auto-iniziazione. Esse sono anche in contraddizione alle antiche regole specificate dal fondatore Gerald Gardner, ed al più possono essere viste come autodichiarazioni di appartenenza ad una certa filosofia di pensiero. L'iniziazione vera e propria resta un rituale complesso e deve essere compiuto solo alla presenza di un alto sacerdote o di un alta sacerdotessa. Le donne e gli uomini appartenenti alla religione in questione, altri non sono che gli odierni stregoni e le odierne streghe, ovviamente i termini hanno abbandonato ogni significato dispregiativo. La morale di questa religione può essere riassunta in una sorta di comandamento principale, quasi un motto, che recita: *"Fai ciò che vuoi purché tu non faccia del male a nessuno."* Si capisce dunque che a differenza di quello che molti potrebbero pensare, questa nuova arte della strega non ha nulla a che vedere con omicidi rituali ed altre atrocità descritte in epoca medioevale. Si potrebbe divagare molto sulla descrizione di questa religione, ma non voglio allontanarmi troppo dal tema trattato. Diciamo dunque che ancora oggi esistono le streghe, che non sono vecchie, brutte e piene di brufoli come siamo abituati a vederle nell'immaginario comune e che proprio come un tempo vestono in determinato modo a seconda del rituale che intendono compiere, avvalendosi ancora di calderone, candele, erbe magiche ed altri utensili rituali, proprio come succedeva centinaia di anni. Le streghe dunque esistono ancora, tornano a far sentire la loro presenza anche alla luce del giorno, in un mondo che via via sta diventando materialista, forse le antiche usanze che vedono l'uomo come essere capace di sfruttare energie nascoste e forze naturali, possono diventare da problema a rimedio.

Ci sono nella natura molte cose ancora nascoste e poco facilmente spiegabili. E nondimeno, di esse gli ignoranti se ne fanno beffa; mentre i saggi vi prestano attenzione e le ammirano. Si conoscono d'altronde nell'officina microcosmica della natura universale molteplici specie di filatteri - detti latinamente Amuleti - e se ne preparano ancora contro ogni sorta di malattie, sortilegi, infermità umane o negatività, che si portano appesi intorno al collo con successo contro ogni superstizione, o attorno al polso o al dito o al piede, ossia sono utili per ogni altra causa, specialmente per eliminare le fatture e le malattie. Possiamo offrirne qualche esempio. Geber dice che quando si porta su di se un pezzo d'osso del braccio di un uomo e l'osso superiore di un'ala d'oca, questo guarisce dalla febbre quartana. Ermete Trismegisto scrive, che se un idropico o una persona che ha l'itterizia beve per qualche giorno la propria urina a digiuno, ne ricaverà molto sollievo! Del pari, inoltre, quando per il mal di denti, si appende al collo del paziente un dente d'uomo, questi ne ricava subito un sollievo; ancor più se vi si aggiunge una fava o si è fatto un foro e messo un pidocchio che si è poi racchiuso in un pezzo di seta, il sollievo è ancor più rapido. Gian Battista Porta scrive nella sua *Magia Naturale* che quando si scuote, molto dolcemente e leggermente, l'erba detta Verbasco, il mattino quando apre i suoi fiori, essi cadono gli uni dopo gli altri, come se lo stelo fosse completamente secco o come se fosse stato affatturato. Così, dice Porta, persone inesperte e profane, potrebbero davvero credere che si tratti di stregoneria, soprattutto se chi la sbatte muove allo stesso tempo le labbra come per pronunciare qualche segreta parola. Mizaldus riferisce che gli hanno assicurato per vero, che portare nella propria mano sinistra il cuore di un cane in mezzo a cui si è infisso un dente di cane, impedisce ai cani di abbaiare in propria presenza, specie se si tratta del cuore di un cane nero. Guglielmo Varignana e Pietro Argelate, chirurghi, ci assicurano che: *"se lo sposo minge attraverso l'anello nuziale, si libera dalla fattura e dall'impotenza venerea, a cui era stato legato da un maleficio"*. Gilberto Angelo scrive che quando si porta su sé della semenza di acetosa raccolta da un ragazzino (ancora vergine) non si riesce ad eiaculare, ne da svegli né durante il sonno; ecco perché questi semi sono anche di grande aiuto per chi soffra di frequenti polluzioni notturne.

Con la dichiarazione della Trinità, e quindi della consustanzialità di Dio e di Gesù, l'Imperatore acquisiva lo *status* di rappresentante politico di Dio in terra, coadiuvato dal Papa che fungeva da rappresentante spirituale. Così iniziava la conquista cristiana legata a filo doppio alle conquiste dell' impero e, anche dopo la caduta dell' impero romano, la chiesa fu l'alleata particolare di gran parte dei sovrani.

Per i primi secoli del Medioevo, la figura di Satana é quasi completamente ignorata (forse la chiesa aveva cose assai più importanti a cui pensare), ma già dall'VIII secolo in poi si inizia a riparlare sporadicamente di Satana e più spesso dei suoi seguaci. Essi, ovviamente, non erano chiamati "satanisti", questo termine non esisteva ancora; erano semplicemente denominati "servitori del demonio" o, in riferimento alle loro pratiche, suddivisi in streghe e stregoni. Non é probabilmente un caso che ciò succeda solo due secoli dopo la conquista delle terre germaniche, con la conversione di Clodoveo (496): le popolazioni nordiche erano pagane, e nonostante la loro forza guerriera erano sostanzialmente rurali e attaccate alle tradizioni della terra. Con il Consiglio di Orleans del 511, alla presenza di 32 vescovi, Clodoveo diventava *"Rex Gloriosissimus"* e *"Figlio della Chiesa"* e apriva definitivamente la strada germanica alla chiesa cattolica. Possiamo solo ipotizzare come le popolazioni nordiche reagirono all' obbligo di adozione di una religione così restrittiva, così gerarchica e rigida, abituati a una serie di credenze popolari e campagnole basate su un culto della natura. Gli scritti della chiesa del IX secolo ci raccontano che nei territori barbari sottomessi erano rimasti in vita, nascosti e celebrati in segreto, antichi riti pagani, e si erano diffuse tra gli ambiti cattolici tutta una serie di leggende che

34

riguardavano i pagani. Ma ci fu anche chi cercò di capire questo mondo pagano e di stroncare alla base queste credenze che causavano paura e risentimento in ambito cattolico. Il *Canon Episcopii* (909), per esempio, condannava la credenza secondo la quale alcune donne fossero capaci di *"Volare al seguito della divinità germanica conosciuta ai latini come Diana"*. Ciò nonostante, in particolare intorno all'anno 1000, forse in vista del cambio del millennio, si riprese a temere il diffondersi dei culti pagani. Iniziò forse in questo periodo l'atroce azione di soppressione delle comunità pagane nordiche ed est-europee, una soppressione condotta sotto due fronti: incutere paura della dannazione che seguiva all'abbandonarsi a questi culti, e la persecuzione fisica di chi veniva colto a praticare le vecchie tradizioni. Ben presto però passò sotto spada non solo chi veniva colto sul fatto, ma anche chi era anche solo sospettato. Indubbiamente l'ignoranza scientifica di quel periodo servì ad alimentare questa paura, e fu alla base dell' incredibile numero di streghe e stregoni uccisi tra il XII e il XVI secolo; uno studio recentemente condotto ipotizza che molti dei famosi casi di "possessione diabolica" in seguito ai quali streghe e stregoni furono uccisi (nei modi più diversi e terribili) non furono altro che malattie psicosomatiche o mentali, quali epilessia, schizofrenia, e disturbi dissociativi.

I GRIMORI

Un grimorio è un libro di magia. I libri di questo genere vennero scritti in gran parte tra la fine del Medioevo e l'inizio del XVIII secolo. Contenevano soprattutto corrispondenze astrologiche, liste di angeli e demoni, istruzioni per fare incantesimi, preparare medicine e pozioni, invocare entità soprannaturali e fabbricare talismani. La parola grimorio deriva probabilmente dal francese antico *gramaire,* parola avente la stessa radice grammaticale. Questo forse perché, verso la fine del medioevo, le grammatiche latine (libri sulla sintassi e sulla pronuncia latina) erano il fondamento degli studi scolastici e dell'educazione universitaria, controllata dalla Chiesa e, per la maggioranza analfabeta della popolazione, tutti gli altri libri erano considerati di stregoneria. Inoltre il termine grammatica denotava, sia presso i letterati che gli analfabeti, un libro contenente istruzioni. Nonostante la presenza dell'Inquisizione, che vigilava su tutto ciò che era stampato, ed era in contrasto con la dottrina cattolica, sin dal primo medioevo iniziarono a diffondersi molti testi che basavano i loro scritti su scienze occulte, quando non anche esplicitamente rivolti al signore delle tenebre, o al diavolo in generale. Non abbiamo la certezza che il diavolo esista, potrebbe essere una comoda invenzione per attribuire il male a una terza persona, potrebbe essere stato inventato dalle religioni.

Potrebbe non esistere il bene e il male. La Magia Nera e la Magia Bianca, o di qualsiasi altro colore, esistono perché esistono persone che hanno delle facoltà, attribuite da forze superiori. Poi esisterebbe il Libero Arbitrio. Va da se, quindi, che nell'universo umano vi sono persone che determinano di fare il bene o il male. Questo è un fatto assodato e documentato.

La parola Grimorio è un'accezione del francese antico che deriva dalla parola *"grammaires",* termine che significa semplicemente "*grammatica*". Il termine infatti sta a significare l'insegnamento alla scrittura, ma in questo caso deriva dal greco *grammatikè* (sottinteso *tècnê arte)*. Quindi *"Arte della Scrittura".* In seguito la forma francese è stata trasformata in *"grimoires"* e sta a significare *"manuale d'uso".* Associato quindi all'Arte e alla Magia ecco che abbiamo uno pseudo gioco di parole, come se fosse la "*grammatica dell'Arte*", in questo caso ancora la magia. Il Grimorio in quanto "*Libro delle Ombre*" è un'invenzione recentissima, attribuibile a Gerald Gardner, nel 1946. C'è infatti da ricordare che nei tempi delle streghe dell'antica religione i letterati erano una categoria ristrettissima e con la crudeltà dell'Inquisizione e il terrore di essere bollato come eretico, lasciare prove scritte della propria *colpevolezza* sarebbe stato un errore oltremodo fatale. E in ogni caso le tradizioni venivano tramandate oralmente, mai per iscritto. Le possediamo ancora adesso perché sono permeate nel tessuto della nostra storia, giungendo fino a noi come filastrocche, proverbi, credenze, superstizioni. Possiamo quindi ricondurre i primi grimori alla stessa tradizione orale tramandata per generazioni. La prima traccia scritta la troviamo nel primo secolo, quando viene nominata da Giuseppe Flavio, uno storico di origine ebrea; si tratta della *Clavicula Salomonis*, ossia il trattato di alta magia più famoso al mondo e attribuito al Re semita Salomone (il quale però affermò di non esserne l'autore). Il testo di sicuro più antico, fu pubblicato per la prima volta nel 1629 a Roma, nonostante ne fosse stato proibito e bandito l'uso e la diffusione già settanta anni prima dalla Santa Inquisizione. Il contenuto indirizza chiaramente il mago sulla via della magia, consigliandogli strumenti ed evocazioni per contattare i settantadue Spiriti Demoniaci. Al momento è ancora ritenuto dagli addetti ai lavori miglior testo di evocazione demoniaca mai scritto e uno dei Grimori realmente esistenti più famosi al mondo.

1 - La Chiave di Salomone *(Clavicola Salomonis)*

La Chiave di Salomone *(Clavicola Salomonis)*, documento custodito al British Museum di Londra, tratta dei Tempi e delle loro influenze sui Riti Magici, dei Paramenti da usare, della costruzione e consacrazione dei Pentacoli e del Circolo dell'Evocazione, del Rito dell'Evocazione, dei Pentacoli Magici e degli Incantesimi.

Detto anche Il Libro del Diavolo, è il più celebre e il più temuto manoscritto di Magia Rituale, proibito dalla Santa Inquisizione, che lo dichiarò gravemente eretico. Ad oggi non se ne trovano che rare copie manoscritte in Europa, presso le grandi biblioteche di Parigi e di Londra.

L'opera è divisa in due parti:

1 - nella prima viene spiegato come evitare sbagli durante le operazioni con gli Spiriti, e quindi nozioni interessanti ed accurate sui tempi e le influenze dei Riti Magici, sui segni e sui pianeti, tutte informazioni che dovrebbero garantire un certo margine di protezione all'evocatore; 2 - nella seconda si apprende l'attuazione vera e propria delle Arti Magiche e sono contenute dettagliate istruzioni per la preparazione dei Rituali, oltre all'avviso che nessuna operazione deve essere intrapresa se prima non sia stato tracciato e consacrato un Circolo Magico; altra condizione è la consacrazione personale di tutti gli strumenti magici, pena la non riuscita del Rituale. Seguono la descrizione del rito, tempi, modi, paramenti ed invocazioni.

"La Chiave di Re Salomone" (detto anche *il Libro del Diavolo*), è il più celebre ed il più temuto manoscritto di Magia Rituale, proibito dalla Santa Inquisizione, che lo dichiarò gravemente eretico. Ad oggi non se ne trovano che rare copie manoscritte in Europa, presso le grandi biblioteche di Parigi e di Londra.

2 - Il Grande Grimorio

Il *Grand Grimoire*, fu pubblicato in Francia nel 18esimo secolo. Quasi tutti i testi citati sono stati tradotti in italiano, quasi tutti i testi si trovano depositati in copie originali presso la *"Bibliothèque de l'Arsenal"* di Parigi o presso il *"British Museum"* di Londra. Verso la fine del XIX secolo, molti di questi testi (tra cui quello di Abramelin e *"la Chiave di Re Salomone"*) furono recuperati da organizzazioni esoteriche pseudo-massoniche quali l'*Hermetic Order of the Golden Dawn* e l'*Ordo Templi Orientis*. Aleister Crowley, uno dei protagonisti in entrambi i gruppi, poi funse da ispiratore per molti movimenti contemporanei compresi *Wicca*, Satanismo e Magia del Caos. Nonostante esistano edizioni originali di quasi tutti i grimori citati, fin dal XIX secolo vengono messi in commercio dei falsi o delle edizioni mal tradotte (molti dei testi originali sono in francese o in latino, e piuttosto rari). Alcuni considerano un grimorio moderno il *Necronomicon,* nato sul seguito dello *pseudobiblium* inventato da Howard Phillips Lovecraft, ispirato dalla mitologia sumera e dall'*Ars Goetia,* una sezione del *Lemegeton* che riguarda le invocazioni demoniache. Prima del *"La Piccola Chiave di Re Salomone"*, contenente evocazioni e rituali usati anche da babilonesi e caldei, è difficile trovare un testo che possa compararsi al termine di grimorio, a parte forse i *"Papyri Magici"* e *"Il Libro di Thot"*, di origine egizia. Ufficialmente fu il XVI secolo il periodo in cui i primi grimori vennero alla luce. La Chiesa li proibì, come è ovvio, in quanto opere di produzione demoniaca, ma gli esoteristi medievali e rinascimentali non si fermarono di sicuro e continuarono nelle loro ricerche nonostante il giogo imposto dalla società e dalle convenzioni religiose. Le loro stesse ricerche vennero quindi messe per iscritto e portate fino a noi sotto la forma di testi magici che finirono tutti in biblioteche private (anche vaticane...) o comunque che rimasero eclissati nelle mani di chi era abbastanza erudito da poterli leggere, interpretare e abbastanza coraggioso da poterli e saperli usare. Il grimorio, quindi non è un trattato di magia, ma un libro di evocazione, nonché un testo rituale che contiene le istruzioni precise per poter operare con la teurgia o con i *goetid*, a seconda dello scopo e del tipo di entità che si desidera evocare (angelica o demoniaca). Il grimorio, quindi, diventa un testo segreto, tramandato da un maestro ad un iniziato, perché contiene il beneficio del "*verbo*". Partendo dal principio magico assoluto, quindi, ecco che si ha a che fare con qualcuno che fa da "*custode*" a ciò che è il "*verbo*" e infatti il termine "*Clavicula*" sta a significare in latino *"Piccola Chiave"*. Questo ci riconduce a un enigma, una serratura chiusa che contiene un segreto. E' chiaro che non tutti possono avere la "*Chiave*" per accedere a quel segreto, ma solo chi percorre un cammino da vero iniziato. Se ritorniamo al principio - il "*verbo*" da cui tutto ebbe inizio - troviamo che la magia in principio era definita dalla parola, dal nome. Era il suono che muoveva la magia, non l'azione o l'intenzione, come nemmeno l'oggetto stesso. Iside, la Dea egizia, ingannò Ra avvelenandolo e poi guarendolo lei stessa per conoscere il suo vero nome, perché solo possedendo quella conoscenza si poteva avere accesso ai poteri più alti. E' con un nome e con una parola che si comanda in magia; conoscerla, saperla pronunciare è averne il potere. In questo caso essendo una parola scritta, ecco che il grimorio diventa il custode di questa arcana conoscenza. E se non c'è la parola scritta, il custode è il "*portatore della parola*", ossia "*colui che conosce*", in questo caso il mago o la strega. Di questo tipo di tradizioni abbiamo ancora riscontro ora nel nostro paese. Ad esempio, la formula magica per divinare la presenza del malocchio, e successivamente per poterlo rimuovere, non può essere pronunciata ad alta voce, e nemmeno scritta. Può essere trasferita, sussurrandola direttamente nell'orecchio del "*testimone*" in un giorno preciso dell'anno. Scriverla ne distruggerebbe il potere magico. Il grimorio, o "*Libro delle Ombre*", altro non è che un diario dove la Strega, di qualsiasi tradizione, tiene nota dei propri rituali, dei propri incantesimi e delle proprie invocazioni. "*Il Libro delle Ombre*", è anche un diario personale, in questo caso "*Libro Specchio*", che deve rimanere segreto, anche se in alcune tradizioni si condivide con l'intera *coven* per il beneficio comune. Il grimorio non ha vere e proprie direttive per essere tale. Ci sono streghe che lo usano elettronico, altre che usano raccoglitori ad anelli, alcuni lo comprano su internet, cucito a mano e con copertina invecchiata e rivestita in pelle. Non esistono note essenziali che debbano essere presenti in un grimorio. Una strega deve sentirsi libera di scrivere ciò che sente di appartenerle. Secondo alcune tradizioni è importante usare un pennino a china o una penna stilografica per vergarlo, affinché sia un vero e proprio lavoro manuale come nei tempi antichi, e alcune sostengono che debba essere scritto nel linguaggio arcaico delle streghe, il così detto "*Alfabeto delle Streghe*" o alfabeto Tebano, affinché possa essere letto solo da una addetta ai lavori (anche se ormai le traduzioni dell'alfabeto fioriscono ovunque, anche su internet). Le tradizioni sono tante e i filoni di pensiero cambiano molto le cose. Alcune tradizioni dividono il "*Libro delle Ombre*" in due sezioni: 1- la parte relativa ai soli incantesimi e le pratiche magiche, e 2 - il libro specchio, ossia la parte relativa alle riflessioni della strega. Ma, al giorno d'oggi, sono in pochi a farne un vero e proprio uso a se stante, miscelando tra le pagine del "*Libro delle Ombre*" sia le esperienze magiche che le riflessioni personali. E' un punto di vista come un altro. Quello che rimane fondamentale è la propria responsabilità nei confronti di ciò che vi si contiene. Il libro infatti riflette il soggetto che lo redige e che ne fa uso, in profondità, privo delle spoglie ordinarie con cui si circola per il mondo.

41

3 - Altri libri di Magia

I libri di Magia Alta (o Bianca) erano solitamente conosciuti come *Clavicole* (dal latino chiavi), mentre quelli di *Magia Bassa* (o Nera) come *grimoires* (una corruzione del francese *grammaires*, "*grammatiche*"). Ad oggi vengono comunque definiti genericamente Grimori sia i Codici di Magia Bianca che di Magia Nera in uso presso i Maghi e gli Occultisti dei secoli passati, attraverso i quali essi concretizzavano le loro sperimentazioni. Grimori e *pseudobiblia* si collocano oggi all'interno di un fermento culturale che per la sua maggior parte ha stravolto e alterato il suo vero significato originario. Le antiche conoscenze ed i tipi di sapere preservati all'interno di questi primi testi costituirono una forma culturale e una conoscenza mantenutasi, e sviluppatasi, nel corso dei secoli nella totale segretezza ovvero nella speranza di poter giungere a quei fini tanto agognati. Questi misteriosi testi si possono collocare in queste categorie: libri che sono esistiti ma che oggi non esistono più (causa distruzione, perdita, etc.); libri che non sono mai esistiti ma che potrebbero esistere (per una ricostruzione apocrifa a posteriori, per giochi di citazioni che potrebbero permetterci di ricostruire parzialmente o integralmente il testo, etc.); libri che esistono, ma è come se non esistessero (causa irreperibilità, estrema rarità, censure, etc.); libri che esisteranno ma che attualmente non esistono (poiché lavori *in nuce*, non attuali, non ancora dati alle stampe, *work in progress*, etc.)

Per nostra fortuna tali testi si sono in parte preservati fino ai giorni odierni dimostrandoci oltremodo come gli esoteristi dovessero essere considerati a tutti gli effetti, nel senso lato del termine, degli scienziati *ante litteram* il cui fine non fu solo teso al contatto con il divino o al controllo del mondo terreno, ma anche alla crescita interiore e allo sviluppo spirituale del singolo. Proprio per tali motivi la Chiesa cattolica si trovò costretta a soffocare queste forme culturali alternative, movimenti ed idee che furono comunque in grado di risvegliare in tutta Europa l'animo e la sete di conoscenza di centinaia, se non migliaia, di individui, fungendo altresì da innegabili catalizzatori nello sviluppo delle scienze e del libero pensiero, al di là del condizionamento di ogni autorità politica e religiosa dominante.

TESTIMONIANZE POPOLARI SULLE JANARE

Una ragazza mi raccontava, un giorno, di un suo amico che, durante la notte, mentre dormiva sul letto, era stato svegliato da uno strano peso sul proprio addome; qualcosa gli si era arrampicato addosso mentre era disteso e lo aveva immobilizzato alla bocca, alle spalle e ai piedi. Il fatto capitò più di una volta, tanto che il ragazzo pensò che avesse sognato. Ebbe la conferma che fosse realtà perché, una di queste volte, riuscì a muoversi e a prendere in mano qualcosa. Era riuscito a strappare una ciocca di capelli bianca dalla testa dell'essere incorporeo che lo opprimeva. La ragazza rimase alquanto scioccata da questa storia. Fece una sua personale indagine e le fu risposto che quell'essere era certamente una janara. Nella tradizione campana e del basso Lazio la janara è una vecchia strega che va in giro di notte per le campagne a rubar cavalli ed è anche la causa di questi strani fenomeni durante il sonno.

Mi è stato anche raccontato che una janara, al mio paese, usciva di notte e s'intrufolava nelle stalle dei cavalli per prenderne uno e cavalcarlo per tutta la notte. Completamente nuda e vecchia, una volta scoperta, aggrediva e sbranava le sue vittime. Una volta la stessa janara è volata di notte fino in nord-America e ritorno prima dell'alba. Per provarlo aveva riportato con se la cravatta che il marito aveva quando era emigrato. Lei conservava a casa sua la foto del marito che lo attestava.

I vecchi del mio paese affermano che, contrariamente a tutte le altre streghe, la janara era solitaria e tante volte anche nella vita di relazione di tutti i giorni, aveva un carattere aggressivo e acido. Per poterla acciuffare, bisognava immergersi completamente in una botte piena d'acqua per poi afferrarla per i capelli che erano il suo punto debole.

Sempre le persone più anziane sono convinte che le janare fossero causa di malocchi, di morti in culla e di aborti. I racconti sulle janare sono molto sentiti a livello popolare e spesso ho raccolto delle testimonianze davvero terrificanti. Le tre storie sulle janare che racconto di seguito sono molto inquietanti.

Storia n. 1

Racconta Marco R.: *"Circa 25-30 anni fa, mio nonno andava a passare le vacanze estive con la famiglia in un paese beneventano, in Irpinia, ai confini con il Molise. Per arrivare alla villa di campagna bisognava attraversare alcuni paesi ma, una sera, mio nonno si trovò a passare davanti a uno sperduto cimitero sulle montagne del beneventano, in macchina, con tutta la sua famiglia, compresa mia mamma, all'epoca adolescente. Fuori dal cimitero c'era una donna dall'aspetto orrendo, con capelli bianchi che rannicchiata su sé stessa, era intenta a fare qualcosa di nascosto e vicino aveva una vecchia scopa di saggina, come quelle che adoperano ancora certi operatori ecologici. Mio Nonno, che conosceva le storie su queste streghe, non si fermò, ma proseguì fino alla casa di campagna. Qualche giorno dopo, raccontando la vicenda a un paesano, questo gli disse che quella vecchia doveva essere sicuramente una janara, che eseguiva fatture: riti magici di condanne a morte, grazie ai suoi poteri satanici."*

Storia n. 2

Racconta Margherita P.: *"Mia nonna, è la prima di 5 figli, di cui 4 femmine e un maschio. In passato, prima della nascita di mia nonna, era nato un piccolo bambino, che era, quindi, il primogenito. Questo bambino fu perseguitato da una strega (janara), che di notte lo prendeva in braccio e lo tormentava. La mia bisnonna cambiò più volte casa, ma il piccolo continuò sempre ad essere perseguitato. Una volta la janara si presentò personalmente, proprio davanti alla nonna, dicendole che presto suo figlio sarebbe morto. Il figlio, inspiegabilmente, morì e per ben cinque anni consecutivi la mia bisnonna non rimase più incinta. Si ritiene per causa della sterilità provocata dalla janara. Quando nacque mia nonna, sua madre vide un bambino ormai cresciuto. Proprio quello che era morto da piccolo per strada! Era del tutto simile al suo bambino deceduto. Si avvicinò alla donna che lo aveva con se, e questa le disse che il bambino era orfano e che lei era la sua maestra. La mia bisnonna tentò di adottarlo legalmente, ma, quando andò in tribunale le si presentò davanti, in udienza, una donna orrenda, identica alla janara che le aveva predetto la morte del figlio piccolo. Quella dichiarò di essere la madre naturale del bambino. Come suo garante aveva portato con se un carabiniere. L'ufficiale garantì la veridicità delle cose dette, della storia raccontata. La madre del bambino, quindi, era proprio lei! La Janara. Dopo di che... il bambino e la madre scomparirono per sempre. Misteriosamente."*

Storia n. 3

Racconta Luigi C.:*"Mio padre, faceva il camionista. Era abituato a viaggiare da solo la notte. Una notte, smise di viaggiare col camion, per riposare. Arrivato in una piazzola, vicino allo svincolo dell'autostrada, in una zona boschiva, nei pressi di un cimitero, si fermò esausto e si addormentò. Pur avendo paura di quel posto, sapeva che l'autogrill più vicino era troppo distante, così decise di dormire. La notte, verso le tre, fu infastidito da una donna che, sotto forma di spirito, gli danzava sul petto e gli strizzava i fianchi. Mio padre riuscì ad alzarsi, e sentì una voce orrenda dirgli che era troppo forte per quella fattura (mio padre in quel periodo aveva litigato con persone che avevano una brutta fama). Allora mio padre aprì*

46

la porta del camion e saltò fuori, al freddo. Dall'altra parte della cabina vide spuntare una vecchia, che prima lo inseguì poi, quando lo stesso, infuriatosi, cominciò a reagire, perché aveva capito che era una janara, quella scomparve. Mio padre non dormì più, ovviamente e si recò presso l'autogrill. Qui un uomo gli spiegò che era stata una janara e non una paralisi a infastidirlo. L'orologio del camion, inspiegabilmente, segnava ancora le ore 3:00, ma è risaputo che nei camion moderni l'orario di bordo non può bloccarsi, né può essere manomesso. Da allora mio padre non si è più fermato lì. E dorme sempre con una spia luminosa accesa."

MITO E LEGGENDA: DIFFERENZE.

Ogni vecchia storia nasconde una vecchia verità. Così nascono miti e leggende. La differenza tra mito e leggenda consiste principalmente nel contenuto delle narrazioni. Il mito racconta eventi fantastici o religiosi che non hanno bisogno di dimostrazione; la leggenda narra, invece, eventi reali, che vengono integrati con elementi fantastici. La differenza, tra mito e leggenda, sta nel fatto che il mito (dal greco *μύθος*, *mythos*, pronuncia *mütos,* che significa *"parola, discorso, progetto, macchinazione"*). Nel periodo classico, con questa parola si intendevano quei racconti il cui soggetto erano dei, esseri divini, eroi, racconti che non avevano bisogno di alcuna dimostrazione. Oggigiorno, invece, con questo termine si intende una narrazione di origine religiosa, o comunque una storia nettamente indipendente da alcun pensiero logico o scientifico. Si tratta di una narrazione investita di sacralità relativa alle origini del mondo o alle modalità con cui il mondo stesso e le creature viventi hanno raggiunto la forma presente, in un certo contesto socio culturale o in un popolo specifico. Di solito i protagonisti del mito sono dei o eroi, protagonisti delle origini del mondo in un contesto sacrale. Spesso le vicende narrate nel mito hanno luogo in un'epoca che precede la storia scritta. Quando si dice che il mito è una narrazione sacra s'intende che esso viene considerato verità di fede e che gli viene attribuito un significato religioso o spirituale. Ciò naturalmente non implica né che la narrazione sia vera, né che sia falsa. Al tempo stesso il mito è la riduzione narrativa di momenti legati alla dimensione del rito, insieme al quale costituisce un momento fondamentale dell'esperienza religiosa volta a soddisfare il bisogno di fornire una spiegazione a fenomeni naturali o a interrogativi sull'esistenza e sul cosmo. Mentre la leggenda è un tipo di racconto molto antico, come il mito la favola e la fiaba, e fa parte del patrimonio culturale di tutti i popoli, appartiene alla tradizione orale e nella narrazione mescola il reale al meraviglioso. La parola leggenda deriva dal latino *legenda* che significa *"cose che devono essere lette"*, cose *"degne di essere lette"*. Con questo termine, un tempo, si voleva indicare il racconto della vita di un santo e soprattutto il racconto dei suoi miracoli. con questa parola venivano infatti indicati i racconti delle vite dei Santi. La leggenda è quindi un racconto antico, che fa parte del patrimonio culturale di un popolo. La sua trasmissione attraverso le generazioni avviene per lo più in forma orale, e all'interno della narrazione vengono mescolati indistintamente elementi terreni e meravigliosi, fantastici. Oggi, con questo termine, si intendono quei racconti nei quali troviamo elementi reali (che solitamente danno origine alla storia) ma che vengono trasformati dalla fantasia. Per leggenda s'intende tutto quello che non accerta l'esistenza dei fatti raccontati oralmente. In seguito la parola acquistò un significato più esteso e oggi indica qualsiasi racconto che presenti elementi reali trasformati dalla fantasia, tramandato per celebrare fatti o personaggi fondamentali per la storia di un popolo, oppure per spiegare qualche caratteristica dell'ambiente naturale e per dare risposta a dei perché. Le leggende si rivolgono alla collettività, come i miti, spiegando l'origine di qualche aspetto dell'ambiente, le regole e i modelli da seguire, avvenimenti storici, allo scopo di rinsaldare i legami d'appartenenza alla comunità. Una categoria delle leggende è rappresentata dalle leggende popolari, che non sono mai inventate da una sola persona, ma alla loro invenzione concorrono sempre più persone che, con il trascorrere del tempo, trasformano un fatto vero in un fatto sempre più leggendario. Le leggende non raccontano mai dei fatti puramente inventati ma contengono sempre una parte di verità che viene trasformata in fantasia perché gli uomini vogliono scoprire sempre la causa di certi fatti che non conoscono bene e pertanto cercano di spiegarli con l'immaginazione.

ANTICHE DIVINITA' LAZIALI:

Le veneri paleolitiche erano forse le progenitrici delle Janare?

Le veneri paleolitiche sono statuine preistoriche raffiguranti donne con gli attributi sessuali molto pronunciati e ritratti con certo realismo (mentre il resto del corpo, a partire dai tratti del viso, è raffigurato in modo assai approssimativo). Vengono dette anche "*veneri steatopige*" (dalle parole greche στέαρ, στέατος, "*grasso*", "*adipe*", e πυγή, "*natiche*", quindi "*dalle grosse natiche*") o callipigie (sempre dal greco καλλίπυγος, composto di κάλλος, "*bellezza*", e πυγή, quindi "*dalle belle natiche*"). Per steatopigìa si intende il carattere di spiccata lordosi lombare di alcune costituzioni fisiche e la tendenza ad accumulare adipe sui glutei e sulle cosce. La steatopigìa è tipica delle donne di alcune etnie africane, come quella degli ottentotti o dei boscimani. Spesso è stata riscontrata nelle veneri scolpite nel neolitico denominate per questo anche "*veneri steatopigie*".

1 - Caratteristiche generali

Le veneri paleolitiche rappresentano le prime raffigurazioni del corpo umano. Sono di dimensioni minute (alcune intorno ai 20 cm, altre di soli 4 cm). I materiali più utilizzati sono steatite, calcite, calcare marnoso. Tali "*veneri*" sono state rinvenute in diverse località europee, tra cui Brassempouy, Lespugue, Willendorf, Malta, Savignano e Balzi Rossi, ma sono di fatto diffuse dall'Atlantico alla Siberia. Mentre la tradizione vuole che esse appartengano alla *facies* aurignaziana, esse per lo più sono in realtà gravettiane e solutreane: la datazione resta comunque controversa, dato che i ritrovamenti sono avvenuti spesso in condizioni che non assicurano una corretta ricostruzione scientifica. Oltre alla produzione gravetto-solutreana, esistono veneri risalenti alla più recente cultura magdaleniana, come la Venere di Monruz di 11.000 anni fa. Ad oggi si conosce un solo esemplare della più antica cultura aurignaziana, la Venere di Hohle Fels, ritrovata nel 2008 in Germania e datata intorno ai 35.000 anni fa.

Il motivo di tali rappresentazioni resta del tutto ipotetico: mentre alcuni ritengono che queste statuine vadano interpretate come raffigurazioni realistiche della femminilità dell'epoca, secondo altri tali raffigurazioni corrispondono alle prime speculazioni dell'uomo neolitico intorno al rapporto tra natura e vita: l'osservazione del ciclo delle stagioni suggerì che la vita stessa era legata a un ciclo. Essendo la donna origine della vita del figlio, si sarebbe sviluppato un culto della Dea Madre. La Grande Dea Madre (di cui parlano anche i teorici delle visite terrestri in epoca remota degli antichi alieni) è un'ipotetica divinità femminile primordiale, la cui esistenza è stata sempre teorizzata , è tuttora ricorrente, ma non è mai stata dimostrata. Essa sarebbe presente in quasi tutte le mitologie note ed attraverso essa si manifesterebbe la terra, la generatività, il femminino come mediatore tra l'umano e il divino. Essa attesterebbe l'esistenza di una originaria struttura matri-centrica nelle civiltà preistoriche, composte da gruppi di cacciatori-raccoglitori. Il culto della Grande Dea Madre risale al periodo Neolitico e, secondo alcuni, forse addirittura al Paleolitico, se si leggono in questo senso le numerose figure femminili steatopige (cosiddette "Veneri") ritrovate in tutta Europa, di cui naturalmente non conosciamo il nome. Lungo le generazioni, con gli spostamenti di popoli e la crescita di complessità delle culture, le "competenze" della Grande Madre si moltiplicarono in diverse divinità femminili. Per cui la Grande Dea, pur continuando ad esistere e ad avere culti propri, assumerà personificazioni distinte, per esempio, per

51

sovrintendere all'amore sensuale (Ishtar-Astarte-Afrodite pandemia-Venere), alla fertilità delle donne (Ecate triforme, come 3 sono le fasi della vita), alla fertilità dei campi (Demetra / Cerere e Persefone / Proserpina), alla caccia (Kubaba, Cibele, quindi Artemide-Diana). Inoltre, siccome il ciclo naturale delle messi implica la morte del seme, perché esso possa risorgere nella nuova stagione, la grande dea è connessa anche a culti legati al ciclo morte-rinascita e alla Luna, che da sempre lo rappresenta (i più arcaici di questi riti sono riservati alle donne, come quello di Mater Matuta o dellaBona_Dea). Ad esempio, nelle feste e nei misteri in onore del gruppo Demetra / Cerere-Persefone / Proserpina, il suo culto segna il volgere delle stagioni, ma anche la domanda dell'uomo di rinascere come il seme rinasce dalla terra. L'evoluzione teologica della figura della Grande Dea Madre (giacché nulla va perduto, nel labirinto della mitologia) venne costantemente rappresentata da segnali di connessione tra le nuove divinità e quella arcaica. Finché le religioni dominanti ebbero carattere politeistico, un segno certo di connessione consisteva nella *parentela mitologica* attestata da mitografi e poeti antichi (ad esempio, Ecate è figlia di Gea; Demetra è figlia di Rea). Altro carattere che permette di riconoscere le tracce della Grande Dea nelle sue più tarde eredi, è poi la ripetizione di specifici *attributi iconologici* esimbolici che ne richiamano l'orizzonte originario. Ad esempio: il dominio sugli animali, che accomuna i leoni alati che accompagnano Ishtar, la cerva di Diana e il serpente ctonio della dea cretese; l'ambientazione tra rupi (o in caverne, a ricordare il carattere ctonio della divinità originale) e boschi, o presso acque; il carattere e i culti notturni. Anche nel mutare delle religioni, la memoria della divinità arcaica, "signora" di luoghi o semplicemente di bisogni umani primari, si mantenne e si trasmise lungo le generazioni, dando luogo a culti forse inconsapevolmente sincretistici (le cui ultime propaggini

possono essere considerate, ad esempio, le molte Madonne Nere venerate in Europa). Nell'area mediterranea ne conosciamo i nomi e le storie, nelle diverse civilizzazioni in cui si impose, dall'epoca protostorica:
- in area mesopotamica (ca. V millennio a.c.) presso i Sumeri: Ninhursag (che sarebbe poi la cd. Signora Maestosa: "Ki"= Terra);
- in area anatolica (II millennio a.c.): Cibele;
- in area greca: Gea e Rea;
- in area etrusca: Mater Matuta;
- in area romana: Bona Dea o Magna Mater.
La variante nordica della Grande Madre, portata fino alle Isole britanniche da migrazioni di popoli pre-achei verso nord ovest, è secondo Robert Graves la *Dea Bianca* della mitologia celtica (colei che a Samotracia si chiamava Leucotea e proteggeva i marinai nei naufragi).

Tra le più antiche divinità laziali, la *Mater Matuta*, nella mitologia romana era la dea del Mattino o dell'Aurora e quindi protettrice della nascita degli uomini e delle cose. Più tardi associata alla dea greca Ino o, appunto, Aurora. Aveva un tempio nel Foro Boario, accanto al Porto fluviale di Roma, consacrato secondo la leggenda da Romolo, distrutto nel 506 a.C. e ricostruito nel 396 a.C. da Marco Furio Camillo, nell'odierna area di Sant'Omobono, realizzato, forse, all'epoca di Servio Tullio (secondo quarto del VI secolo a.C.). Un altro tempio dedicato alla dea era nella città di *Satricum*. La sua festa (*Matrialia*) veniva celebrata l'11 giugno, a questo culto erano ammesse solo le donne vergini o sposate una sola volta, il cui marito era ancora vivo, mentre le donne schiave ne erano severamente escluse. La collezione di *Matres Matutae* conservata al Museo Provinciale Campano di Capua, in provincia di Caserta, è tra le più importanti collezioni mondiali.

2 - Mitologia

Il culto della Grande Madre risale al Neolitico e forse addirittura al Paleolitico, se si leggono in questo senso le numerose figure femminili steatopigie (cosiddette *Veneri*) ritrovate in tutta Europa, di cui naturalmente non conosciamo il nome. Lungo le generazioni, con gli spostamenti di popoli e la crescita di complessità delle culture, le "competenze" della Grande Madre si moltiplicarono in diverse divinità femminili. Per cui la Grande Dea, pur continuando ad esistere e ad avere culti propri, assumerà personificazioni distinte, per esempio, per sovrintendere all'amore sensuale (Ishtar-Astarte-Afrodite pandemia-Venere), alla fertilità delle donne (Ecate triforme, come 3 sono le fasi della vita), alla fertilità dei campi (Demetra / Cerere e Persefone / Proserpina), alla caccia (Kubaba, Cibele, quindi Artemide-Diana). Inoltre, siccome il ciclo naturale delle messi implica la morte del seme, perché esso possa risorgere nella nuova stagione, la grande dea è connessa anche a culti legati al ciclo morte-rinascita e alla Luna, che da sempre lo rappresenta (i più arcaici di questi riti sono riservati alle donne, come quello di *Mater Matuta* o della *Bona Dea*). Ad esempio, nelle feste e nei misteri in onore del gruppo Demetra/ Cerere-Persefone/Proserpina, il suo culto segna il volgere delle stagioni, ma anche la domanda dell'uomo di rinascere come il seme rinasce dalla terra. L'evoluzione teologica della figura della Grande Madre (giacché nulla va perduto, nel labirinto della mitologia) venne costantemente rappresentata da segnali di connessione tra le nuove divinità e quelle arcaiche. Finché le religioni dominanti ebbero carattere politeistico, un segno certo di connessione consisteva nella *parentela mitologica* attestata da mitografi e poeti antichi (ad esempio, Ecate è figlia di Gea; Demetra è figlia di Rea). Altro carattere che permette di riconoscere le tracce della Grande Dea nelle sue più tarde eredi, è poi la ripetizione di specifici attributi iconologici e simbolici che ne richiamano l'orizzonte originario. Ad esempio: il dominio sugli animali, che accomuna i leoni alati che accompagnano Ishtar, la cerva di Diana e il serpente ctonio della dea cretese; l'ambientazione tra le rupi (o in caverne, a ricordare il carattere ctonio della divinità originale) e boschi, o presso acque; il carattere e i culti notturni. Anche nel mutare delle religioni, la memoria della divinità arcaica, signora di luoghi o semplicemente di bisogni umani primari, si mantenne e si trasmise lungo le generazioni, dando luogo a culti forse inconsapevolmente sincretistici (le cui ultime propaggini possono essere considerate, ad esempio, le molte Madonne Nere venerate in Europa).

Nell'area mediterranea ne conosciamo i nomi e le storie, nelle diverse civilizzazioni in cui si impose, dall'epoca protostorica:

in area mesopotamica (V millennio a.C.): Ninhursag
in area anatolica (II millennio a.C.): Cibele
in area greca: Gea
in area etrusca: *Mater Matuta*
in area romana: *Bona Dea* o *Magna Mater*

La variante nordica della Grande Madre, portata fino alle Isole britanniche da migrazioni di popoli pre-achei verso nord ovest, è secondo Robert Graves la *Dea Bianca* della mitologia celtica (colei che a Samotracia si chiamava Leucotea e proteggeva i marinai nei naufragi).

3 - I compagni della Grande Madre

L'universo culturale della Grande Madre prevedeva anche, benché non sempre, figure maschili, inizialmente descritte come figure plurime o collettive (come i Dattili di Samotracia). L'evoluzione di tali figure e la loro progressiva personificazione individuale sembrano confermare per sottrazione l'idea di un'origine matriarcale della civilizzazione, sia per la forte accentuazione di *"figlio della dea"* - e la dea

55

rimanda alla Grande Madre, anche se ha un altro nome - che viene attribuita a talune divinità maschili particolarmente legate alla terra (Dioniso, per tutte); sia perché la modifica e l'individuazione in senso patriarcale del *pantheon* sono attestate in epoca relativamente tarda, quando gli uomini avevano preso coscienza della propria potestà generatrice; sia, infine, per il rapporto misterioso che corre tra la Grande Dea e il suo compagno, caratterizzato dall'essere minore di lei, per età e per poteri, e che spesso si presenta, almeno inizialmente, come una figura di giovane amante, assai simile ad un figlio (si veda in proposito la coppia Cibele-Attis). La dea dei serpenti (Creta, II millennio a.c.)

4 - Le *Domus de Janas*

Le domus de janas sono delle strutture sepolcrali preistoriche costituite da tombe scavate nella roccia tipiche della Sardegna pre-nuragica. Si trovano, sia isolate, che in grandi concentrazioni, costituite anche da più di 40 tombe. A partire dal Neolitico recente, e fino all'Età del Bronzo antico, queste strutture caratterizzarono tutte le zone dell'isola. Ne sono state scoperte più di 2.400, circa una ogni chilometro quadrato, e molte rimangono ancora da scavare. Sono sovente collegate tra loro a formare delle vere e proprie necropoli sotterranee, con in comune un corridoio d'accesso (*dromos*) ed una piccola anta, a volte assai spaziosa e dal soffitto alto. In italiano il termine in lingua sarda *domus de janas* è stato tradotto in case delle fate. Gli archeologi sostengono che le prime *domus de janas* siano state scavate intorno alla metà del IV millennio a.C. durante il periodo in cui sull'isola si sviluppò la **Cultura di San Ciriaco** (Neolitico recente 3400-3200). Con la *Cultura di Ozieri* (Neolitico finale 3200-2800) si diffusero in tutta la Sardegna (ad eccezione della **Gallura**). Le genti di cultura Ozieri erano laboriose e pacifiche, dedite all'agricoltura e con

56

una particolare religione che aveva una corrispondenza nelle lontane isole **Cicladi**. Adoravano il *Sole* e il *Toro*, simboli della forza maschile, la *Luna* e la *Madre Mediterranea*, simboli della fertilità femminile. Statuine stilizzate della Grande Dea Madre sono state ritrovate in queste sepolture e nei luoghi di culto. La presenza, anche sul territorio del mio paese, di una grotta molto simile alle domus de janas, chiamata appunto, da tempo immemorabile, la grotta delle fate, insieme ad alcuni insistenti elementi analoghi nei due dialetti, il sardo e il corenese, farebbe ipotizzare che in epoca preistorica alcuni esploratori sardi siano approdati sulla Riviera d'Ulisse e si siano poi insediati alle falde del Monte Maio, dando origine alla comunità aurunca. Questo fatto, se fosse accertato, retrodaterebbe di alcuni secoli la data di nascita di Coreno, che si ritiene essere stata fondata, intorno all'inizio del terzo quarto del primo millennio da pastori ausoniesi, spintisi su quello che era già territorio di Ausonia, anzi era sua ...*villa, casalis et pertinentia.*

La Venere di Willendorf, una delle più celebri veneri callipigie preistoriche, 25.000 anni prima della nascita di Cristo (Austria).

BREVI CENNI SUL SATANISMO

E' evidente la stretta connessione che si rileva tra stregoneria a satanismo. Il termine Satanismo ha l'effetto di incutere timore nella gente; porta alla mente della gente tutte le idee che sono state create nel corso dei secoli per ottenere proprio questo effetto. Ci tornano in mente la faccia della piccola Regan del film *L'Esorcista*, l'Inquisizione, le streghe sul rogo, demoni e mostri abominevoli che cercano in ogni modo di rubarci l' anima. Ci tornano in mente le decine di casi di omicidi a scopo rituale di cui abbiamo sentito parlare alla TV o letto nei giornali. Ci torna in mente la faccia satanica di Charles Manson, che uccide, in una villa di Bel Air, lussuoso quartiere delle stars di Los Angeles, Sharon Tate, la compagna del regista Roman Polansky. Naturale dunque che, di fronte alla possibilità di indagare sul fenomeno racchiuso in questo termine, la gente normale abbia paura. Quasi tutti coloro i quali si accostano al Satanismo lo fanno per curiosità, per voglia di ribellione, per vincere la noia, per essere diversi, e presto o tardi abbandonano questo interesse senza mai averne nemmeno colto il succo. Spesso senza nemmeno aver lontanamente scorto cosa il Satanismo sia in realtà. Alcune persone si autodefiniscono satanisti, sono iscritte a una delle tante organizzazioni sataniste, ne scrivono in siti, ne parlano, collezionano materiale, sono ferratissimi dal punto di vista documentale e teorico, ma non sentono interiormente questa filosofia. Non vivono il Satanismo, ne sono solo informati, e magari nemmeno correttamente. Ci sono poi persone che invece anche senza sapere nulla sull'argomento sono satanisti dentro, perché in loro alberga, spesso senza che ne siano a conoscenza, la fiamma che costituisce la base del Satanismo: il desiderio di conoscere e vivere il mondo intorno. Nonostante - o forse grazie a - la confusione che avvolge il termine

58

"Satanismo", sull'argomento si è scritto tanto, anche se quasi sempre da un'ottica avversa. Non mancano ovviamente bellissimi scritti editi da chi vive o ha vissuto il Satanismo in prima persona, tra i quali possiamo ricordare *"The Satanic Bible"* di Anton LaVey, il padre del Satanismo moderno, l'altrettanto eccellente *"The Satanic Scriptures"* edito da magus Peter H. Gilmore, successore di LaVey alla guida della Church of Satan. Così come il magistrale *"Compendium Daemonii"* redatto dal gruppo che si auto-identifica col nome di Tempio di Satana. Tutte queste opere però si rivelano, allo stato attuale, incomplete. Nonostante le filosofie esposte siano e saranno sempre valide, perché rappresentano il succo del Satanismo, le loro analisi storiche risultano a volte viziate a volte obsolete, e pertanto non trattano l'argomento in maniera completamente esaustiva.

Il Satanismo non é Magia, è filosofia, é storia, é evoluzione, e come tale va affrontato. Parlare di Satanismo significa parlare di Satana, e indirettamente quindi, significa parlare di Dio. Questo perché anche se tutte le religioni annoverano nel loro *corpus* l' equivalente di Satana, il modello vero e proprio é il Satana tramandato dalla cultura ebraico-cristiana. Dunque per parlare di Satanismo, é necessario conoscere Satana e Yahweh, e si dovrà quindi affrontare un vero e proprio cammino storico. Tenendo ben presente che, secondo alcuni saggisti e analisti delle sacre scritture, il Satan di cui si parla nel Vecchio Testamento, inteso come entità spirituale, capo dei demoni, capo del mondo negativo ultraterreno, non esisterebbe nel Vecchio Testamento. Satan, più che un individuo, sarebbe il nome di una funzione assunta da uomini o da Elohim (dei): la funzione del cd. Avversario, dell'antagonista, del pubblico accusatore; funzione, fnzione, che sarebbe attribuita, pare, proprio da Yahweh. Quando Yahweh da l'incarico ad un uomo, l'uomo assume la funzione di Satan; quando l'uomo smette tale funzione, smette anche il ruolo di Satan. Tra gli altri diavoli, comunemente conosciuti, anche Lucifero, la cd stella del mattino, sarebbe una invenzione della religione. Come pure l'Elohim Bal Peor, che amava il sesso. Sarebbe derivato proprio da tale nome prima Bal Feor, poi Belfagor. Come pure da Bal Zabuw deriverebbe Belzebù. Dunque Yahweh sarebbe il Dio, i suoi antagonisti sarebbero i diavoli. Nelle identificazioni di Satana, Lucifero, Belfagor e Belzebù. La religione, per tradurre in soldoni il piano, avrebbe favorito la creazione di una società divisa in senso manicheo: tra giusti, buoni e ingiusti, cattivi; tra ciò che è giusto e ciò che è sbagliato. Con la parallela costruzione di una morale completamente basata sul senso di colpa: tu sbagli peccando io ho i mezzi per redimerti, ma tu devi vergognarti e pentirti.

1- Satana nel Medioevo

Il Medio Evo viene considerato a tutti gli effetti un' epoca oscura, ed in effetti "*Dark Ages*" é il termine con il quale comunemente nella narrativa inglese ci si riferisce a questo periodo. Un periodo di grandi conquiste territoriali, di guerre, di invasioni, durante le quali intere civiltà sono state sottomesse. È, senza dubbio, il periodo storico durante il quale sono avvenute le più grandi modifiche sociali e religiose. A farla da padrone, in questi secoli (parliamo del periodo storico che va dal III al XV secolo), fu la Chiesa Cristiana, legittimata nel 313 dall'imperatore Costantino con l'Editto di Milano e con il successivo Concilio di Nicea del 325, e resa religione di stato e unica religione legale da Teodosio nel 391. La religione cristiana già all' epoca era fortemente divisa, essendo il cristianesimo di almeno quattro tipi diversi ed essendo stata l' Armenia, già nel 301, a dichiararla come religione di stato nella forma diffusa in quegli anni. Con la dichiarazione della Trinità, e quindi della consustanzialità di Dio e di Gesù, l'Imperatore acquisiva lo *status* di rappresentante politico di Dio in terra, coadiuvato dal Papa che fungeva da rappresentante spirituale. Così iniziava la conquista cristiana legata a filo doppio alle conquiste dell' impero e, anche dopo la caduta dell' impero romano, la chiesa fu l'alleata particolare di gran parte dei sovrani. Per i primi secoli del Medioevo, la figura di Satana é quasi completamente ignorata (forse la chiesa aveva cose assai più importanti a cui pensare), ma già dall' VIII secolo in poi si inizia a riparlare sporadicamente di Satana e più spesso dei suoi seguaci. Essi, ovviamente, non erano chiamati "satanisti", questo termine non esisteva ancora; erano semplicemente denominati "servitori del demonio" o, in riferimento alle loro pratiche e al sesso, suddivisi in streghe e stregoni. Non é probabilmente un caso che ciò succeda solo due secoli dopo la conquista delle terre germaniche, con la conversione di Clodoveo (496): le popolazioni nordiche erano pagane, e nonostante la loro forza guerriera erano sostanzialmente rurali e attaccate alle tradizioni della terra. Con il Consiglio di Orleans del 511, alla presenza di 32 vescovi, Clodoveo diventava *"Rex Gloriosissimus"* e *"Figlio della Chiesa"* e apriva definitivamente la strada germanica alla chiesa cattolica. Possiamo solo ipotizzare come le popolazioni nordiche reagirono all'obbligo di adozione di una religione così restrittiva, così gerarchica e rigida, abituati a una serie di credenze popolari e campagnole basate su un culto della natura. Gli scritti della chiesa del IX secolo ci raccontano che nei territori barbari sottomessi erano rimasti in vita, nascosti e celebrati in segreto, antichi riti pagani, e si erano diffuse tra gli ambiti cattolici tutta una serie di leggende che riguardavano i pagani. Ma ci fu anche chi cercò di capire questo mondo pagano e di stroncare alla base queste credenze che causavano paura e risentimento in ambito cattolico. Il *Canon Episcopii* (909) per esempio condannava la credenza secondo la quale alcune donne fossero capaci di *"Volare al seguito della divinità germanica conosciuta ai latini come Diana"*. Ciò nonostante, in particolare intorno all'anno 1000, forse in vista del cambio del millennio, si riprese a temere il diffondersi dei culti pagani. Iniziò forse in questo periodo l'atroce azione di soppressione delle comunità pagane nordiche ed est-europee, una soppressione condotta sotto due fronti: incutere paura della dannazione che succedeva immediatamente all'abbandono a questi culti, e la persecuzione fisica di chi veniva colto a praticare le vecchie tradizioni. Ben presto però passò sotto spada non solo chi veniva colto sul fatto, ma anche chi era anche solo sospettato. Indubbiamente l'ignoranza scientifica di quel periodo servì ad alimentare questa paura, e fu alla base dell' incredibile numero di streghe e stregoni uccisi tra il XII e il XVI secolo; uno studio recentemente condotto ipotizza che molti dei famosi casi di "possessione diabolica" in seguito ai quali streghe e stregoni furono uccisi (nei modi più diversi e terribili) non furono altro che malattie psicosomatiche o mentali, quali epilessia, schizofrenia, e disturbi dissociativi. C'é tutta una letteratura sui fenomeni di possessione e sulle cerimonie degli adoratori del demonio, e questi temi furono affrontati a vari gradi un po' da tutte le correnti cristiane, sia cattoliche che scismatiche. Lutero stesso, ma anche Calvino, si occuparono del tema della stregoneria e delle cerimonie demoniache; le accuse di stregoneria venivano fuori come funghi, sia contro i semplici contadini, sia contro esponenti di altre dottrine religiose. Un caso famoso fu quello del vescovo di Wurtzburg (Julius Echter von Mespelbrun – XVI secolo) il quale arrivò ad accusare di stregoneria numerosi protestanti per rinvigorire il credo cattolico. Le cose, a partire dal XII secolo, peggiorarono notevolmente, finché nel 1252 la bolla *"Ad Extirpanda"* di Innocenzo IV autorizzò il tribunale dell'Inquisizione all'uso della tortura, e qualche decennio più tardi Giovanni XXII estese il potere del tribunale sui casi di stregoneria. È così che inizia quel fenomeno malfamato conosciuto come "Caccia alla streghe" o "Inquisizione", anche se questo toccherà il culmine (per numero di vittime e crudeltà) tra il 1450 e il 1645, tecnicamente periodi corrispondenti alla fine del Medioevo e all'inizio del Rinascimento. In questo periodo ne leggiamo di tutti i colori: Bernardino da Siena nei primi anni del '400 tenne una serie di sermoni in cui condannava le riunioni pagane e alimentava il risentimento verso le comunità di stregoni che praticavano sortilegi e portavano avanti superstizioni. Bernardino era convinto che le voci di streghe che volano e assumono aspetto non umano e animalesco fossero illusioni demoniache, e che i crimini che si reputavano perpetrati da queste streghe fossero in realtà azioni del demonio al quale le streghe chiedevano favori. Le streghe quindi erano da combattere razionalmente, come seguaci di un ente demoniaco. Ben di altra idea era Henrich Kramer, l' autore del famoso (e famigerato) *Malleus Maleficarum*, il manuale che doveva insegnare ai cacciatori di streghe tutto ciò che riguardava la stregoneria, il diavolo, e le pratiche demoniache. Nonostante la chiesa cattolica lo avesse dichiarato un falso già nel 1490, a soli tre anni dalla sua prima stampa, e il tribunale dell' Inquisizione Spagnola nel 1538 avesse espresso parere negativo sui contenuti del libro, le cronache inquisitorie e la letteratura ci raccontano che questo testo aveva talmente influenzato il mondo dei cacciatori di streghe da costituire la base per le crudeltà registrate. Satana era visto in questi secoli come un principio maligno, che aveva il compito di sottrarre i fedeli alla chiesa, e svolgeva il suo compito attraverso una serie di "sottoposti" suddivisi in incubi, succubi, animali malefici e demoni veri e propri. Ne risulta quindi che durante il periodo che va dal 1200 al 1600 circa la figura della strega o del seguace del demonio in senso generale era assai variegata: erano ritenuti tali i campagnoli, chi avversava l' imposizione della dottrina cattolica, chi costituiva una minaccia politica, e non mancano i casi di accusa di stregoneria per semplici diatribe territoriali o amorose! Il secolo XVI e i primi decenni del XVII secolo furono forse il periodo più nefando, la caccia ai servitori del demonio condotta in Francia e Spagna toccò vette di crudeltà inimmaginabili. È in questo periodo che compaiono i più spietati cacciatori di streghe, Nicolas Remy e Pierre DeLancre. Nicolas Remy in particolare fu spietatissimo; fu l' autore del *"Daemonolatreiae libri tres"*, il testo che sostituì il *Malleus* come manuale della caccia alle streghe, seppur scritto dopo che la sua attività di cacciatore ebbe termine. Remy era convinto (e diffondeva queste teorie) che le streghe potessero trasformarsi, che il diavolo appariva sotto forma di animale (generalmente un capro) o di uomo-capra, e che nelle cerimonie chiamate Messe Nere i seguaci del demonio celebrassero rituali sanguinolenti conditi da accoppiamenti con animali e col demonio stesso, bestemmie e infanticidi. Remy risulta aver condannato alla morte (con accusa di stregoneria) non meno di 900 persone in 10 anni di attività, tra il 1582 e il 1592, e nel suo libro (scritto nel 1595) cita circa 100 casi in modo specifico. Pierre De Lancre ebbe l' ordine di cacciare le streghe dal re di Francia Enrico IV, nel 1608, e si rese responsabile della morte con accusa di stregoneria di varie dozzine di persone nella cittadina di Labourd. I livelli di pazzia raggiunti con De Lacre sono inimmaginabili e risultano ancora oggi inspiegabili: scrisse tre libri sulla demonologia e accusò gli stregoni di licantropia, argomento principale di uno dei suoi libri. De Lacre fu l'inventore della teoria per cui il diavolo raramente nei Sabba si accoppiava con donne non sposate, poiché preferiva accoppiarsi con giovane donne sposate causando quindi del male a tutta la famiglia! I racconti delle sue nefandezze ci giungono da un suo libro del 1622, intitolato *"Incrédulité et mescréance du sortilège plainement convaincue"*, che rimane, a causa della distruzione dei resoconti originali del tribunale durante la Rivoluzione Francese, l'unica testimonianza del processo e delle condanne di Labourd. Questa lunga analisi

64

storica, pur se non riguardante il fenomeno del Satanismo in sé come culto di Satana, ma più orientata verso il modo in cui questo culto fu percepito, descritto e combattuto dalla religione e dalle istituzioni, ci servirà per comprendere meglio l' essenza della filosofia satanista nei prossimi capitoli. Nei secoli successivi al XVII, con la nascita di quei fenomeni letterari e ideologici legati al Romanticismo e all'Illuminismo, vi é il fiorire di un culto intelligente di Satana, che si fa strada nella nobiltà e tra i pensatori. Nascono le figure del *"Lucifero Romantico"* e del *"Satana Razionale"*, delle quali il Satanismo come noi lo tratteremo é figlio primogenito.

CONCLUSIONI

Gli uomini dell'antichità, che non usavano metodi scientifici, anzi, versavano nella più assoluta ignoranza, vedendo di giorno la luce del sole e di notte il buio, per spiegarsi il fenomeno, collegavano i due fatti con la fantasia, immaginando, ad esempio, che ci fosse qualcuno in cielo che spostasse il carro del sole; in altri casi immaginavano che il sole e la luna fossero dei fratelli litigiosi che non volevano mai incontrarsi.

Anche dalle paure degli uomini sono nate le leggende più varie e curiose. Infatti quando gli uomini hanno paura attribuiscono, con la fantasia, dei caratteri spaventosi alle cose che vedono o sentono, così l'ululato di un lupo si trasforma nella presenza di un lupo mannaro; o il sibilo del vento si trasforma nel volo di una janara. Spesso, anche, il rumore più facile da spiegare, all'orecchio di un ignorante credulone si trasforma in un fantasma o in un essere mostruoso; oppure dai fenomeni atmosferici dei quali non si sapeva la spiegazione si creava un personaggio leggendario.

Credere all'esistenza della magia, delle streghe e, quindi, della janare, ha un fondamento nella ignoranza popolare, nella difficoltà di spiegare scientificamente certi fenomeni naturali. Cosa c'è di più facile, per spiegare le malformazioni infantili o le improvvise morti in culla (peraltro molto comuni nei vecchi borghi, anche in epoca abbastanza recente) che attribuire la colpa all'opera notturna delle janare?

DIZIONARIO DI STREGONERIA

ADEPTO: Versato nelle arti magiche, colui che si sottopone ad un tirocinio magico - stregonico e membro attivo di una Congrega.

ALRAUN: Immagine talismanica ricavata da legno di sorbo.

ALTARE: Il tavolo della pratica, solitamente posto al centro del Cerchio.

AMULETO: Portafortuna non lavorato di naturale vegetale, animale o minerale.

AMMALIAMENTO: Procedimento con il quale si scatena un incantesimo usando la proiezione del proprio potere molto da vicino.

ANTICHI: Gli Dei Archetipi della Stregoneria.

ANTRO: Nel linguaggio comune il luogo nel quale la Strega effettua le proprie operazioni.

ARCANA: Formule e procedimenti segreti, termine comunemente conosciuto in quanto identifica i simboli dei Tarocchi.

ATHAME: Il coltello delle Streghe dal manico nero indispensabile in molti rituali.

AVVERSO: Termine applicato ai procedimenti magici che indica la natura nera o malvagia.

BACCHETTA: Detta anche Verga della Strega, *Baculum* o *Verendum*. Viene solitamente usata nella divinazione ed in alcuni incantesimi riferiti alla fertilità.

BANDIRE: Inteso nel senso di maledire.

BELTANE: Festa della vigilia di Maggio.

BENANDANTI: Erano anticamente i portatori dei culti agrari, tra il Cinquecento ed il Seicento vennero perseguitati dall'Inquisizione come Streghe e Stregoni.

BOLLINE: Tipo di *Athame* solitamente ricurvo come una falce.

BRIGID: Festa del 2 Febbraio - *Candlemas* o Candelora.

CALICE: Coppa usata per filtri e durante gli *Esbat*.

CINGULUM: Il cordone o cintura della Strega secondo la Tradizione.

CONGREGA: Gruppo di Streghe e Stregoni sotto lo stesso pensiero e con non più di tredici membri, operano per scopi comuni.

CONO DI POTERE: Forma di energia collettiva suscitata da una Congrega riunita in un Cerchio al fine di promuovere uno scopo deciso nella precedente Assemblea.

CONTATTO: Demone, Spirito o Dio che istruisce la Congrega e sotto le quali insegne essa è nata.

CONVOCATORE: E' il terzo capo della Congrega, conosciuto anche come Uomo Nero o *Ver-delet*.

DEOSIL: Espressione usata per indicare il senso orario, nel senso del Sole.

EIDOLON: Il potere stregonico espresso e formulato in forma umana semi-tangibile.

ELEMENTI: I quattro modi manifesti della Natura secondo la Tradizione arcana, Fuoco, Aria, Terra e Acqua.

ENVOUTEMENT: Incantesimo compiuto con il supporto di un pupazzo (Dagida) che rispecchia o incorpora le sembianze od alcuni elementi propri della persona alla quale è diretto, pratica di Magia Simpatica per assonanza.

ESBAT: Incontro settimanale o quindicinale.

FATTURA: Intervento magico per mezzo di formule, rituali e gesti volto ad ottenere uno scopo ben preciso.

FEUDO: Si intende un raggio di cinque chilometri entro il quale domina la Congrega.

FORMA: Corpo Astrale proiettato. Si intende anche una forma mobile di potere stregonico che viene animata dalla coscienza esteriorizzata della Congrega.

FUOCO ELFICO: Detto anche fuoco povero, selvaggio o vivente. La fiamma usata per accende-re il Falò (Fuoco rituale della Congrega) prodotta senza l'uso di metalli.

68

GRIMORUM: Libro magico appartenente al singolo oppure alla Congrega, più comunemente conosciuto come Libro delle Ombre.

INCUBO: Forma maschile proiettata per scopi sessuali.

LAMMAS: Festa di Agosto. *Lugnassad*

LEGAME: Procedimento detto di commemorazione; consiste nell'identificazione di un adepto all'energia di un defunto appartenente alla stessa Congrega. Operazione da svolgersi entro i Rituali, a volte anche di commemorazione materiale.

LEGAMENTO: Legatura fatta ad una persona per impedirle di compiere una specifica cosa o azione.

LEGARE: Gettare un incantesimo su qualcuno o qualcosa inteso anche come praticare il lega-mento.

LOGO: Il simbolo della Congrega, spesso sotto forma di animale totem.

OGGETTO DI POTERE: Un oggetto materiale caricato di potere e trasferito.

OMBRA: Spirito di una persona defunta.

PATTO: Firma apposta dagli Iniziati sul registro della Congrega come pegno scritto di silenzio e di riservatezza.

RADUNO: Luogo nel quale si riunisce la Congrega.

RIPERCUSSIONE: Fenomeno poco diffuso di riproduzione delle ferite ricevute mediante la forma proiettata sul corpo in trance del mandante.

SABBAT: Riunione ogni trimestre o due volte per trimestre.

SCRUTARE: Praticare la divinazione tramite una sfera di cristallo oppure uno specchio.

SEMPLICE: Filtro derivato da una singola erba.

SIGNORA: La donna che guida la Congrega.

STILO: Ago o spillo usato dalle Streghe.

SPECULUM: Specchio o cristallo usato per scrutare.

TURIBOLO: Scaldino o bruciatore di incenso.

WIDDER SHINS: In senso antiorario.

YULE: Festa di mezzo inverno.

INDICE

Lightning Source UK Ltd.
Milton Keynes UK
UKHW022015101221
395433UK00010B/856

9 781326 332549